El murciélago azul de la tristeza   **Blaue Fledermaus der Trauer**

Für die liebe hübsche Valeria !

von Reinhard

Jö, für dich, Angie.

Reinhardo

Die Originaltexte wurden folgenden Werken Alfonsina Stornis entnommen:
Antología mayor. Selección y edición de Jesús Munárriz. Madrid, Ediciones
Hiperión, 1997.
Dies.: *Irremediablemente*. Madrid, Colección Torremozas, 2005.
Dies.: *Verse an die Traurigkeit*. Anthologie, Spanisch-Deutsch. Aus dem
Spanischen von H. E. Lampl et al., Zelg (Wolfhalden), orte-Verlag 1995.

ALFONSINA STORNI

El murciélago azul de la tristeza	**Blaue Fledermaus der Trauer**
Poemas	Gedichte

Ausgewählt, aus dem Spanischen
übersetzt und mit einem
Nachwort von Reinhard Streit

teamart

ÍNDICE

INHALT

Injustícia

Tenía entonces diez años.
Robaron algún dinero
de las arcas de mi madre.
Fue un domingo ... ¡Lo recuerdo!

Se me señaló culpable
injustamente, y el reto
que hicieron a mi vergüenza
se me clavó aquí, ¡muy dentro!

Recuerdo que aquella noche
tendida sobre mi lecho
llegó un germen de anarquía
a iniciarse en mi cerebro.

Ungerecht

Ich war damals zehn Jahre alt.
Meiner Mutter wurde etwas Geld
aus der Schublade gestohlen.
Es war an einem Sonntag ... Daran erinnere ich mich!

Zu Unrecht stellte man mich
als Schuldige dar, und die Beschimpfungen,
die mich beschämten,
trafen mich bis ins Mark!

Ich erinnere mich, dass in jener Nacht,
als ich auf meinem Bett lag,
der Keim der Anarchie
seinen Anfang nahm in meinem Kopf.

Rebeldía

Amo todas las auroras y odio todos los crepúsculos

¡Qué hermosas las sendas
Que no tienen fin! …
¡Qué hermosos los días
Que no tienen noche!
¡Qué hermosas las cosas
Que nunca se hicieron! …

Las columnas truncas
Los vasos trizados
Las líneas no rectas …
¡Lo que no se rige
Por orden expreso! …

Ir como las barcas
Que no tienen remos …
¡Ir como las aves
Que no tienen nido!
¡Ser algún capullo que no se adivina!
¡Poder algún día
Quebrar con la marcha
De las cosas hechas! …

¡Detener la tierra!

Dos y dos son cuatro …
¿Y eso quién lo sabe?
Y … ¿si se me ocurre
Que uno no es uno?

Auflehnung

Ich liebe jede Morgenröte und hasse jede Abenddämmerung

Wie schön sind Wege
ohne Ende! ...
Wie schön Tage
ohne Nacht!
Wie schön Dinge,
die nie fertig wurden! ...

Unfertige Säulen,
zerschlagenes Glas
ungerade Linien ...
Alles was sich nicht
an ausgedrückte Ordnung hält! ...

Wie Schiffe
ohne Ruder ...
Wie Vögel
ohne Nest!
Eine Knospe sein, die sich nicht ergründen lässt!
Eines Tages
brechen können
mit dem Lauf der fertigen Dinge! ...

Die Welt anhalten!

Zwei und zwei sind vier ...
Wer weiß denn so was?
Und überhaupt ... was ist, wenn ich sage,
dass eins nicht eins ist?

Al oído

Si quieres besarme … besa,
– yo comparto tus antojos –
mas no hagas mi boca presa,
¡bésame quedo en los ojos!

No me hables de los hechizos
de tus besos en el cuello …
Están celosos mis rizos.
¡Acaríciame el cabello!

Para tu mimo oportuno,
si tus ojos son palabras,
me darán, uno por uno,
los pensamientos que labras.

Pon tu mano entre las mías,
temblarán como un canario
y oíremos las sinfonías
de algún amor milenario.

Ésta es una noche muerta
bajo la techumbre astral.
Está callada la huerta
como en un sueño letal.

Tiene un matiz de alabastro
y un misterio de pagoda.
¡Mira la luz de aquel astro!
¡La tengo en el alma toda!

Silencio … silencio … ¡Calla!
Hasta el agua corre apenas,

Geflüstert

Wenn du mich küssen willst … küss mich,
– ich habe doch Lust wie du –,
aber fessele meinen Mund nicht,
küss mich sanft auf die Augen!

Sprich nicht vom Zauber
deiner Küsse an meinem Hals …
Mein Haar ist eifersüchtig –
streichele mein Haar!

Deine erprobte Zärtlichkeit lass sein.
Wenn deine Augen Worte sind,
schenken sie einzeln mir
die Gedanken, die du denkst.

Lege deine Hand in meine,
sie werden zittern wie Vöglein;
wir hören die Klänge
tausendjähriger Liebe.

Heute ist eine tote Nacht
unter dem Sternenhimmel.
Der Garten ist verschwiegen
wie in einem tödlichen Traum.

Eine Spur von Alabaster,
das Geheimnis von Pagoden.
Sieh jenen Stern an, jenes Licht!
Ich habe es eingeschlossen in der Seele!

Stille … Stille … Schweige doch!
Sogar das Wasser fließt kaum mehr;

bajo su verde pantalla
se aquieta cabe la arena.

¡Oh! ¡Qué perfume tan fino!
¡No beses mis labios rojos!
En la noche de platino
bésame quedo en los ojos …

unter seiner grünen Decke
kommt es zur Ruhe auf dem Sand.

Oh! Welch feiner Duft sich entfaltet!
Küss nicht meine roten Lippen!
Küss mich in der Platinnacht
still nur auf die Augen …

El recuerdo

De aquel poeta joven que se murió de frío
cuando la Primavera preludiaba el Verano
yo conservo el recuerdo que me diera su mano
una tarde paseando por la orilla del río.

Es un jazmín, me acuerdo que lo robara impío
sangrándose las manos en alambre tirano
y me lo dio después con un gesto de hermano
cariñoso y sereno para el cabello mío.

No nos amamos nunca. Él se fue a los países
de donde no se vuelve. Murieron los matices
de la flor que conservo amarilla y rugosa.

¡Pero suelo besar esa flor marchitada
con toda la tristeza que leí en su mirada
el día que iniciara la marcha tenebrosa! …

Erinnerung

Von jenem jungen Dichter, der erfror,
als der Frühling den Sommer beschwor,
erinnere ich, dass er die Hand mir gab,
als wir nachmittags das Flußufer entlang gingen.

Ein Jasmin, ich erinnere mich, dass gottlos er es stahl,
sich die Hände blutig riss am barbarischen Stacheldraht
und nachher es mir für mein Haar schenkte
in einer brüderlichen, zarten, gefassten Geste.

Wir haben uns nie geliebt. Er ging fort in die Länder,
von wo man nicht zurückkommt. Verblasst sind die Farben
der Blume, die ich aufbewahre, gelb und runzlig.

Doch küsse ich die verwelkte Blume weiter,
mit aller Traurigkeit, die ich in seinem Blick sah
am Tag, als er den finsteren Weg begann! ...

¿Te acuerdas?

Mi boca con un ósculo travieso
buscó a tus golondrinas, traicioneras,
y sentí sus pestañas prisioneras
palpitando en las combas de mi beso.

Me libró la materia de su peso …
Pasó por mi un fulgor de primaveras
y el alma anestesiada de quimeras
conoció la fruición del embeleso.

Fue un momento de paz tan exquisito
que yo sorbí la luz del infinito
y me asaltó el deseo de llorar.

¿Te acuerdas que la tarde se moría
y mientras susurrabas : "¡Mía! ¡Mía!"
como un niño me puse a sollozar? …

Weißt du noch?

Mit einem ungezogenen Kuss
suchte mein Mund deine Schwalben, Verräterinnen;
ich fühlte ihre gefangenen Wimpern
in den Bögen meines Kusses erzittern.

Ich war befreit von seiner Last …
Strahlendes Frühlingslicht erfüllte mich
und die von Flausen betäubte Seele
erkannte die Erregung.

Es war ein so einmaliger Moment des Friedens,
dass ich ein Gefühl von Grenzenlosigkeit in mich aufnahm
und mich der Wunsch zu weinen befiel.

Weißt du noch, wie der Abend zu Ende ging
und ich, als du flüstertest »Du bist mein! Du gehörst zu mir!«,
wie ein Kind zu schluchzen begann? …

Fecundidad

¡Mujeres! … La belleza es una forma
y el óvulo una idea –
¡Triunfe el óvulo!

Dentro de la mentira de la vida
existe una verdad
y hay que seguirla.

La verdad es que nada en la Natura
debe perderse.

La tierra que es moral porque procrea
abre la entraña a la simiente y brota
dándonos trigo.

El vientre que se da sin reticencias
pone un soplo de Dios en su pecado.

Son para él las rosas que abre el sol.
Él vibrará como una cuerda loca
que el Misterio estremece.

El vientre que se niegue será atado
al carro de la sed eternamente.

¡Mujeres! Sobre el grito de lo bello
grite el impulso fuerte de la raza.
¡Cada vientre es un cofre!

¿Qué se guarda en las células que tiene?
¿Cuántos óvulos viejos han rodado
guardándose el misterio que encerraban?

¿Estaba en ellos quien hacía falta?

¡Mujeres! La belleza es una forma
y el óvulo una idea …

Fruchtbarkeit

Frauen! Schönheit ist Äußerlichkeit,
die Eizelle ist ein Gedanke
– möge die Eizelle siegen!

Inmitten der Lüge des Lebens
gibt es eine Wahrheit
und die muss man befolgen.

Die Wahrheit lautet, dass nichts in der Natur
verlorengehen darf.

Die Erde ist Zuversicht, denn sie pflanzt sich fort,
öffnet dem Samen das Innerste und keimt,
schenkt uns Weizen.

Der Bauch, der gibt, ohne zu verhehlen,
legt einen Hauch Gottes in die Sünde.

Ihm gelten die Rosen, die die Sonne öffnet.
Er ist's, der vibrieren wird wie eine aberwitzige Saite,
die das Mysterium erbeben lässt.

Der Bauch, der sich versagt, wird auf ewig
an den Karren des Durstes gefesselt.

Frauen! Lauter als der Ruf des Schönen
gellt die Schöpferkraft der Art.
Ein jeder Bauch ist ein Schatzkästlein!

Was wird in seinen Zellen bewahrt?
Wie viele alte Eizellen gingen schon ab
und nahmen das Mysterium mit, das sie umschlossen? …

Ob wohl in ihnen der Mensch lag, der fehlte?

Frauen! Schönheit ist Äußerlichkeit –
die Eizelle ist ein Gedanke …

Lo inacabable

No tienes tú la culpa si en tus manos
mi amor se deshojó como una rosa:
vendrá la primavera y habrá flores ...
el tronco seco dará nuevas hojas.

Las lágrimas vertidas se harán perlas
de un collar nuevo; romperá la sombra
un sol precioso que dará a las venas
la savia fresca, loca y bullidora.

Tú seguirás tu ruta; yo la mía
y ambos, libertos, como mariposas
perderemos el polen de las alas
y hallaremos más polen en la flora.

Las palabras se secan como ríos
y los besos se secan como rosas,
pero por cada muerte siete vidas
buscan los labios demandando aurora.

....

Mas ... ¿lo que fue? ¡Jamás se recupera!
¡Y toda primavera que se esboza
es un cadáver más que adquiere vida
y es un capullo más que se deshoja.

Endloses

Deine Schuld ist es nicht, dass meine Liebe
in deinen Händen die Blätter verlor wie eine Rose –
Frühling wird kommen und mit ihm Blüten …
der dürre Stamm wird neue Blätter tragen.

Vergossene Tränen werden Perlen
einer neuen Kette; prächtige Sonne
wird den Schatten zerreißen, den Adern
frisches, wucherndes, aufwallendes Salbei schenken.

Du wirst deinen Weg gehen und ich den meinen;
und beide frei wie Schmetterlinge werden wir
den Blütenstaub von den Flügeln verlieren
und in der Flora neuen finden.

Worte verdorren wie Flüsse,
Küsse verdorren wie Rosen,
doch mit jedem Tod suchen sieben Leben
die Lippen, die Morgentau begehren.

. . . .

Aber … das, was war? Nie kommt es zurück!
Jeder Frühling, der wird,
ein Kadaver, zu neuem Leben erwacht,
eine Knospe, die ihre Blätter verliert.

Plegaria a la traición

¡Amor ... amor! ... ¡Traicionas mis deseos,
mi tristeza, mi esfuerzo! ... ¡Cuando hundía
la ilusión en la sombra de la muerte
revives su cadáver, lo dominas,
y me entregas atada
como un mártir vencido! ...

¡Amor! ¡amor! Tus alas han golpeado
a las puertas del alma, suavemente ...
Me han mentido tu arrullo, no lo ignoro,
pero he sido cobarde y con las alas
agoreras y trágicas me has hecho
¡un manto todo blanco y todo rosa!

¡Traición! ¡Traición! Tu fina puñalada
sangra mi vena y ha de darme muerte
y no puedo ni quiero maldecirte.
¡Has vuelto amor, has vuelto!

Como un niño sorprendido de pronto
mi alma pone interés en recibirte
y temor; tiembla acaso por sus flores
que se abrieron recién cuando tus alas,
fino amor, me llamaban, me llamaban ...

¡Entra, traidor! Tú sabes lo que encuentras:
sé cuidadoso, mira que no quedan
muchos capullos más, no te prodigues
de tus pétalos lánguidos y enfermos,
que en el jardín de Otoño a donde llegas
las flores se malogran fácilmente.

¡Entra, traidor! ¡Intenta algún milagro!

Gebet an den Verrat

Liebe! … Liebe! Du verrätst meine Begierde,
meine Trauer, mein Bemühen! Immer wenn ich mich anschickte,
die Sehnsucht im Todesschatten untergehen zu lassen,
erweckst du ihren Leichnam zu neuem Leben, beherrscht ihn
und lieferst mich aus, gefesselt
wie einen besiegten Märtyrer! …

Liebe! Liebe! Deine Flügel schlugen sacht
an die Pforten der Seele …
Deine zärtlichen Worte belogen mich, ich weiß es ja,
allein ich war ängstlich; und mit unheilvollen,
traurigen Flügeln machtest du mir
einen weiten Umhang, ganz in weiß und rosa.

Verrat! Verrat! Dein zarter Dolchstich
lässt mich bluten und wird mir den Tod geben
und ich kann und ich will dich nicht verfluchen.
Du bist zurück, Liebe! Du bist zurück!

Wie ein Kind, das überrascht wird, unverhofft,
findet meine Seele Gefallen daran, dich anzunehmen;
doch fürchtet sie sich, erzittert vor deinen Blüten,
die sich gerade erst öffneten, als deine Flügel,
zarte Liebe, mich riefen, mich riefen …

Tritt ein, Verräter! Du weißt doch, was du antriffst;
sei behutsam; bedenke, dass nicht mehr
viele Knospen sind; vergeude nicht
ihre erschöpften, kränklichen Blütenblätter;
zu früh sterben die Blumen,
die du in den Garten des Herbstes trägst.

Tritt ein, Verräter! Versuch ein Wunder!

¡Pase tu soplo vívido como una
llama de vida donde el alma pueda
despertar a la dulce Primavera
y olvidar el invierno despiadado!

¡Entra, traidor! Y vénceme, sofócame …
¡Hazme olvidar la tempestad pasada,
arrúllame, adorméceme y procura
que me muera en el sueño de tu engaño,
mientras me cantas, suave, la alegría
de las pascuas del sol!

Dein starker Hauch soll
wie eine Flamme des Lebens sein,
bei der die Seele den süßen Frühling erwecke
und den unbarmherzigen Winter vergesse.

Tritt ein, Verräter! Besiege mich, beraub mich meines Atems …
Mach mich vergangene Stürme vergessen,
wiege mich in den Schlaf, betäube mich und bereite,
dass ich im Traum deiner Täuschung sterbe,
während du leise die Freuden
der Tagwerdung für mich besingst.

¿Qué diría?

¿Qué diría la gente, recortada y vacía
si en un día fortuito, por ultrafantasía,
me tiñera el cabello de plateado y violeta,
usara peplo griego, cambiara la peineta
por cintillo de flores: miosotis o jazmines,
cantara por las calles al compás de violines,
o dijera mis versos recorriendo las plazas,
libertado mi gusto de vulgares mordazas?

¿Irían a mirarme cubriendo las aceras?
¿Me quemarían como quemaron hechiceras?
¿Campanas tocarían para llamar a misa?

En verdad que pensarlo me da un poco de risa.

Was die Leute wohl sagen würden?

Was die Leute wohl sagen würden, winzig klein und leer,
käme eines beliebigen Tages übermütig ich daher,
färbte mein Haar silbern und violett,
trüge antike Gewänder, den Zierkamm ersetzt
durch ein Haarband aus Blumen – Vergissmeinnicht, Jasmine –,
sänge auf der Straße, zum Klang der Violine,
sagte meine Verse auf, die Plätze durchstreifend;
mein Vergnügen von schalen Knebeln befreiend?

Käme mich zu sehen man angerannt?
Würde ich verbrannt, so wie Hexen man verbrannt?
Würde Glocken man läuten, um zu rufen zur Messe?

Das zu denken, ist wahrlich vermessen.

Luna llena

Oh llamas, llamas … Campanillas de oro
suena tu lengua y en las manos llevas
la miel que no he gustado y en tus ojos
se desenrosca, alegre, Primavera.
Ya voy … ya voy … aguárdame, que aun tengo
que poner rosas frescas en las sienes
y soltar los cabellos y ceñirme
un cinturón de plata ; dulcemente
caeré a tus pies bajo la luna llena.

Ay, tornaré bajo la fronda oscura,
silenciosa y temblante, con la testa
desprovista de flores, y en la boca
el murciélago azul de la tristeza.

Ay, nunca más sobre mi frente rosas,
ni aquella fresca voz de musgo y tierra
que hace sonar las campanillas de oro,
a cuyos toques danza Primavera.

¡Cómo estará de triste aquella fronda,
cómo estará de pálida la luna
cuando regrese sola,
cuando te deje y huya!
(Y en tanto estoy ungiendo mis cabellos).
Ya la noche se acerca …
Tu voz suena distante y, en el cielo,
miedo me da mirar la luna llena.

Vollmond

Flammen, oh Flammen … Schellen aus Gold
lässt dein Sprechen erklingen; in deinen Händen trägst du
den Honig, von dem ich nicht naschte, und in deinen Augen
entfaltet freudig sich der Frühling.
Ich komme schon, ich komme schon, warte auf mich, frische Rosen
muss ich noch auf die Schläfen geben, das Haar lösen,
den Silbergürtel anlegen; lieblich werde ich
bei Vollmond dir zu Füßen sinken.

Ach, ich werde umkehren, zurück unters dunkle, stumme,
zitternde Laubwerk, den Kopf
bar der Rosen und im Mund
die blaue Fledermaus der Trauer.

Ach, niemals mehr Rosen auf der Stirn,
und nicht die Kühle von Moos und Erde,
der die goldenen Schellen erklingen lässt,
zu deren Takt tanzt der Frühling.

Wie finster wird das Laubwerk sein,
wie fahl der Mond,
wenn alleine er kehrtmacht,
wenn er dich zurücklässt und enteilt!
(Und währenddessen salbe ich mein Haar).
Die Nacht kommt schon näher …
Deine Stimme ertönt von fern, und es ängstigt mich,
am Himmel den Vollmond anzusehen.

Cuadrados y ángulos

Casas enfiladas, casas enfiladas,
casas enfiladas.
Cuadrados, cuadrados, cuadrados.
Casas enfiladas.
Las gentes ya tienen el alma cuadrada,
ideas en fila
y ángulo en la espalda.
Yo misma he vertido ayer una lágrima,
Dios mío, cuadrada.

Vierecke und Winkel

Aufgereihte Häuser, aufgereihte Häuser,
aufgereihte Häuser.
Vierecke, Vierecke, Vierecke.
Aufgereihte Häuser.
Die Menschen haben schon viereckige Seelen,
Gedanken in Reih und Glied,
und Winkel im Rücken.
Ich selbst habe gestern eine Träne vergossen,
und die, großer Gott, war viereckig.

Sábado

Levanté temprano y anduve descalza
por los corredores; bajé a los jardines
y besé las plantas;
absorbí los vahos limpios de la tierra,
tirada en la grama;
me bañé en la fuente que verdes achiras
circundan. Más tarde, mojados de agua,
peiné mis cabellos. Perfumé las manos
con zumo oloroso de diamelas. Garzas
quisquillosas, finas,
de mi falda hurtaron doradas migajas.
Luego puse traje de clarín más leve
que la misma gasa.
De un salto ligero llevé hasta el vestíbulo
mi sillón de paja.
Fijos en la verja mis ojos quedaron,
fijos en la verja.
El reloj me dijo: diez de la mañana.
Adentro, un sonido de loza y cristales:
comedor en sombras; manos que aprestaban
manteles.
        Afuera, sol como no he visto.
Sobre el mármol blanco de la escalinata
Fijos en la verja siguieron mis ojos.
Fijos. Te esperaba.

Samstag

Ich stand früh auf und ging barfuß
durch die Gänge; ich ging hinunter zu den Gärten
und küsste die Pflanzen;
sog den reinen Dunst der Erde auf,
geworfen auf den Rasen;
ich badete in der Quelle, die vom grünen
Wasserwegerich umringt ist.
Dann kämmte ich mein tropfnasses Haar.
Ich rieb Duftwasser aus Jasmin
auf die Hände. Geschickte,
kleinliche Reiher
stahlen goldene Krümel von meinem Rock.
Dann zog ich ein Leinenkleid an, das leichter noch war als Gaze.
Mit einem flinken Satz rückte ich meinen Strohsessel
ins Vestibül
Meine Augen starrten auf das Fenstergitter,
starrten auf das Fenstergitter.
Die Uhr sagte mir: Zehn Uhr morgens.
Drinnen ein Klirren von Geschirr und Glas:
Das Speisezimmer im Schatten; Hände, die Tischtücher
ausbreiteten.
     Draußen Sonne wie nie
auf dem weißen Marmor der Vortreppe
Meine Augen starrten auf das Fenstergitter.
Starrten. Ich erwartete dich.

El llamado

Es noche, tal silencio
Que si Dios parpadeara
Lo oyera. Yo paseo.
En la selva, mis plantas
Pisan la hierba fresca
Que salpica rocío.
Las estrellas me hablan,
Y me beso los dedos,
Finos de luna blanca.

De pronto soy herida …
Y el corazón se para,
Se enroscan mis cabellos,
Mis espaldas se agrandan;
Oh, mis dedos florecen,
Mis miembros echan alas,
Voy a morir ahogada
Por luces y fragancias …

Es que en medio a la selva
Tu voz dulce me llama …

Der Ruf

Es ist Nacht, und so still,
Dass ich es hören würde,
Blinzelte Gott mir zu. Ich spaziere.
Im Wald treten meine Füße
Auf frisches Gras,
Mit Tau benetzt.
Die Sterne sprechen zu mir,
Und ich küsse meine Hände,
Zierlich vor weißem Mond.

Plötzlich werde ich verletzt …
Mein Herz bleibt stehen,
Meine Haare rollen sich auf,
Meine Schultern wachsen;
Oh, meine Finger erblühen,
Meine Glieder treiben Flügel aus,
Ertränkt von Lichtern und Wohlgerüchen
Werde ich sterben …

Inmitten des Waldes
Ruft mich deine sanfte Stimme …

Dos palabras

Esta noche al oído me has dicho dos palabras
comunes. Dos palabras cansadas
de ser dichas. Palabras
que de viejas son nuevas.

Dos palabras tan dulces, que la luna que andaba
filtrando entre las ramas
se detuvo en mi boca. Tan dulces dos palabras
que una hormiga pasea por mi cuello y no intento
moverme para echarla.

Tan dulces dos palabras
que digo sin quererlo – ¡oh, qué bella, la vida! –
Tan dulces y tan mansas
que aceites olorosos sobre el cuerpo derraman.

Tan dulces y tan bellas
que nerviosos, mis dedos,
se mueven hacia el cielo imitando tijeras.

Oh, mis dedos quisieran
cortar estrellas.

Drei Worte

Drei schlichte Worte hast heut Nacht du mir gesagt.
Drei Worte, die es müde sind, gesagt
zu werden. Alte Worte,
die stets neu sind.

Drei Worte, so süß, dass der Mond,
der sich einschlich zwischen Zweigen,
in meinem Mund verharrte. So süß drei Worte,
dass eine Ameise an meinem Hals läuft
und ich mich nicht bewege, sie zu vertreiben.

So süß drei Worte, dass ich sage,
ohne es zu wollen: Ach, wie schön das Leben ist!
So süß und so mild,
dass duftendes Öl sie über den Körper verteilen.

So süß und so schön, dass
meine Finger unruhig sich zum Himmel hin
bewegen und Scheren nachbilden.

Ach, meine Finger möchten
Sterne schneiden.

Tú me quieres blanca

Tú me quieres alba,
me quieres de espumas,
me quieres de nácar.
Que sea azucena
sobre todas, casta.
De perfume tenue.
Corola cerrada.
Ni un rayo de luna
filtrado me haya.
Ni una margarita
se diga mi hermana.
Tú me quieres nívea,
tú me quieres blanca,
tú me quieres alba.

Tú que hubiste todas
las copas a mano,
de frutos y mieles
los labios morados.
Tú que en el banquete
cubierto de pámpanos
dejaste las carnes
festejando a Baco.
Tú que en los jardines
negros del Engaño
vestido de rojo
corriste al Estrago.
Tú que el esqueleto
conservas intacto
no sé todavía
por cuáles milagros,
me pretendes blanca
(Dios te lo perdone),

Du willst mich weiß

Du willst mich ganz weiß,
willst du mich aus Schaum,
willst du mich aus Perlmutt.
Keusch vor allem,
wie eine Lilie, soll ich sein.
Von zartem Duft.
Mit geschlossener Blüte.
Kein Mondesschein soll
mich je durchdrungen haben.
Kein Gänseblümchen soll
sich meine Schwester nennen.
Schneeweiß willst du mich,
weiß willst du mich,
ganz weiß willst du mich.

Du, der alle Schalen
in die Hand bekam und
von Früchten und Honig
dunkelrote Lippen.
Du, der auf dem Festmahl,
von Weinlaub überrankt,
dem Fleische abschwor,
um Bacchus den Hof zu machen.
Du, der in den schwarzen
Gärten der Untreue,
rotgekleidet,
der Zerstörung zurannte.
Du, der unversehrt
die Knochen sich bewahrt;
noch verstehe ich nicht,
durch welche göttlichen Wunder
du mich weiß verlangst
(Gott vergebe dir),

me pretendes casta
(Dios te lo perdone),
¡me pretendes alba!

Huye hacia los bosques;
vete a la montaña;
límpiate la boca;
vive en las cabañas;
toca con las manos
la tierra mojada;
alimenta el cuerpo
con raíz amarga;
bebe de las rocas;
duerme sobre escarcha;
renueva tejidos
con salitre y agua;
habla con los pájaros
y levántate al alba.
Y cuando las carnes
te sean tornadas,
y cuando hayas puesto
en ellas el alma
que por las alcobas
se quedó enredada,
entonces, buen hombre,
preténdeme blanca,
preténdeme nívea,
preténdeme casta.

du mich keusch verlangst
(Gott vergebe dir),
du mich ganz weiß verlangst!

Flieh in die Wälder,
geh in die Berge,
reinige deinen Mund,
lebe in Hütten,
berühre feuchte Erde
mit deinen Händen,
nähre deinen Körper
von bitterer Wurzel,
trinke aus Felsen,
schlafe auf Raureif,
richte deine Kleidung,
mit Wasser und Salpeter,
sprich mit den Vögeln
und steh im Morgengrauen auf.
Und wenn dein Fleisch
dir dann zurückgegeben,
und du mit der Seele
es versehen,
die in Schlafgemächern
sich verfing,
dann, guter Mann,
dann verlange mich weiß,
verlange mich schneeweiß,
verlange mich keusch.

Tú y yo

Mi casa está llena de mirtos,
La tuya está llena de rosas;
¿Has visto a mis blancas ventanas
Llegar tus palomas?

Tu casa está llena de lirios,
La mía sonríe amapolas.
¿Has visto rodando en mis patios
Ramas de tus frondas?

De mármoles blancos y negros
Tu casa vetusta se adorna,
Y mármoles blancos y negros
Llevan a mi alcoba.

Si luces enciende tu casa
Mi casa de luz se corona.
¿No sientes llegar de la mía
Sonidos de loza?

De día, de tarde, de noche
Te sigo por selvas y frondas.
¿No hueles que exhalan mis labios
Profundos aromas?

De día, de tarde, de noche
Te sigo por selvas y frondas.
¿No sientes que atrás de tus pasos
Se quiebran las hojas?

¿No has visto regadas tus plantas,
De frutas cargadas las moras,

Du und ich

Mein Haus ist voller Myrten,
deines voller Rosen.
Hast du bemerkt, dass deine Tauben
zu meinen weißen Fenstern fliegen?

Dein Haus ist voller Lilien,
meines lächelt Mohn.
Hast du bemerkt, dass aus deinen Baumkronen
Äste bis in meinen Hof hinüberhängen?

Mit weißem und schwarzem Marmor
schmückt sich dein uraltes Haus.
Und weißer und schwarzer Marmor
führt in meine Schlafkammer.

Entflammt Lichter dein Haus,
kränzt sich mein Haus mit Licht.
Hörst du nicht mein Tellerklappern
bis zu dir hinüber reichen?

Tagsüber, abends, nachts
folge ich dir durch Wälder und Sträucher.
Nimmst du nicht wahr, wie meine Lippen
innigen Wohlgeruch verströmen?

Tagsüber, abends, nachts
folge ich dir durch Wälder und Sträucher.
Hörst du nicht, wie das Laub hinter
deinen Schritten zerfällt?

Hast du nicht bemerkt, dass deine Pflanzen
bewässert sind, die Maulbeerbäume fruchtbeladen,

Sin matas las sendas, las ramas
Henchidas de pomas?

Cuidando tu casa en silencio
Me encuentra despierta la aurora,
Cuidando en silencio tus plantas,
Podando tus rosas.

Tu casa proyecta en mi casa
De tarde, alargada, su sombra,
Y nunca miraste sus muros
Cargados de rosas.

Igual a tus patios, mis patios,
Que surcan iguales palomas,
Y nunca has mirado mi casa,
Cortado mis rosas.

Igual a tus lirios, mis lirios,
Que iguales octubres enfloran …
Y nunca has mirado mi casa,
Cortado mis rosas …

die Wege gepflegt sind und die Zweige
Knospen treiben?

Halte ich heimlich dein Haus instand,
trifft die Morgenröte mich hellwach an;
heimlich pflege ich deine Pflanzen,
beschneide ich deine Rosen.

Spät nachmittags wirft dein Haus
lange Schatten in meins;
doch hast du nie seine von Rosen
behangenen Mauern betrachtet.

Deine Höfe sind nicht anders als meine,
dieselben Tauben durchfliegen sie.
Doch hast du nie mein Haus betrachtet,
nie meine Rosen beschnitten.

Deine Lilien sind nicht anders als meine;
sie erblühen alle im selben Oktober …
Doch du hast nie mein Haus betrachtet,
nie meine Rosen beschnitten …

Alma desnuda

Soy una alma desnuda en estos versos,
alma desnuda que agustiada y sola
va dejando sus pétalos dispersos.

Alma que puede ser una amapola,
que puede ser un lirio, una violeta,
un peñasco, una selva y una ola.

Alma que como el viento vaga inquieta
y ruge cuando está sobre los mares
y duerme dulcemente en una grieta.

Alma que adora sobre sus altares
dioses que no bajan a cegarla;
alma que no conoce valladares.

Alma que fuera fácil dominarla
con sólo un corazón que se partiera
para en su sangre cálida regarla.

Alma que cuando está en la primavera
dice al invierno que demora: vuelve,
caiga tu nieve sobre la pradera.

Alma que cuando nieva se disuelve
en tristezas, clamando por las rosas
con que la primavera nos envuelve.

Alma que a ratos suelta mariposas
a campo abierto, sin fijar distancia,
y les dice: libad sobre las cosas.

Nackte Seele

Ich bin eine nackte Seele in diesen Zeilen,
nackte Seele, angsterfüllt und einsam,
vereinzelt lässt sie Blütenblätter zurück.

Seele, die Klatschmohn sein kann,
Lilie und Veilchen und Felsblock,
Urwald, Brandung sein kann.

Seele, die unstet umherirrt wie der Wind,
tobt über den Meeren
und sanft ruht in einem Schlund.

Seele, die auf ihren Altären Göttern huldigt,
die nicht herabkommen, die Seele zu blenden.
Seele, die keine Hindernisse kennt.

Seele, die anzubinden leicht wäre,
mit einem Herz, das gewillt, sie zu achten
und mit seinem warmen Blut zu durchdringen.

Seele, die im Frühling dem Winter, der auf sich warten lässt,
sagt: komm zurück; Schnee soll fallen
auf grünen Garten.

Seele, die bei Schnee vor Trauer zergeht
und auf Rosen drängt,
mit denen der Frühling uns umgibt.

Seele, die bisweilen Schmetterlingen
auf offenem Felde die Freiheit gibt und ihnen
sagt: Nehmt begierig auf von allem!

Alma que ha de morir de una fragancia,
de un suspiro, de un verso en que se ruega,
sin perder, a poderlo, su elegancia.

Alma que nada sabe y todo niega
y negando lo bueno el bien propicia
porque es negando como más se entrega.

Alma que suele haber como delicia
palpar las almas, despreciar la huella,
y sentir en la mano una caricia.

Alma que siempre disconforme de ella,
como los vientos vaga, corre y gira;
alma que sangra y sin cesar delira
por ser el buque en marcha de la estrella.

Seele, die sterben wird durch einen Duft und einen Seufzer,
durch einen Vers, gesprochen als Gebet,
doch ohne des Verses Feinheit zu verschwenden.

Seele, die nichts weiß und alles aufgibt,
sich dem Guten entsagt, um es zu stützen,
da durch Entsagung man sich am meisten hingibt.

Seele, die Lust empfinden kann,
Seelen zu berühren, Zeichen zu missachten,
an der Hand ein Streicheln zu fühlen.

Seele, die ständig mit sich hadert, die sich selbst entzweit ist,
die umherirrt wie der Wind, die rennt und kreist;
Seele, die blutet und sich beharrlich danach sehnt,
Schiff zu sein auf Suche nach dem Stern.

Diosa

Concentrarás las flores de los bosques,
diosa Afrodita, y tejerás mi boca;
zumo oloroso dejarás en ella,
        diosa Afrodita.

Tomarás mármol tibio y palpitante
y harás mi cuerpo como el aire fino.
Palomas blancas presurosas busquen
        nido en sus hombros.

Recogerás helechos de los prados
y con sus tallos blandos y flexibles
harás mis plantas; que por piel posean
        hojas de rosa.

Descolgarás estrellas de los cielos:
trocadas hebras en tus dedos blancos
hasta los pies, harás mi cabellera
        sedosa y rubia.

Sobre los prados de esmeralda, cerca
del templo donde las estatuas lucen,
alas livianas me atarás al flanco
        para que dance.

Del hombre-dios que destruyó tu gracia
su cielo azul no quitarás de mi alma,
deja fluir de Cristo en mis pupilas
        toda la sombra.

Que así de bella y misteriosa quiero,
alma cristiana en ánfora de Grecia,
caer vencida junto al hombre sabio
        que amar no puede.

Göttin

Du wirst Blumen vereinen in den Wäldern,
Göttin Aphrodite, und blumig sprechen lassen wirst du meinen Mund;
duftenden Saft wirst du in ihm hinterlassen,
    Göttin Aphrodite.

Du wirst warmen, pulsierenden Marmor nehmen
und meinen Körper wie linde Luft erschaffen.
Ungestüme weiße Tauben suchen ihr
    Nest auf seinen Schultern.

Du wirst Farne von den Wiesen aufheben
und aus ihren weichen, biegsamen Stielen
wirst du meine Füße erschaffen, deren Haut sind
    Rosenblätter.

Du wirst Sterne von den Himmeln holen,
strähnig verwandelt in weißen Händen
bis zu den Füßen wirst du mein Haar erschaffen,
    seidig und blond.

Auf den smaragden Wiesen, beim
Tempel, dort wo Statuen leuchten,
wirst du mir leichte Flügel an die Flanken binden,
    damit ich tanze.

Des Gottmenschen, der deine Reinheit tilgte,
blauen Himmel wirst du nicht von meiner Seele nehmen;
lass von Christus in meine Pupillen fließen
    allen Schatten.

So schön und geheimnisvoll möchte ich,
christliche Seele in griechischer Amphore,
besiegt niedersinken neben dem weisen Manne,
    der nicht lieben kann.

¡Oh, qué me importa!

¿Ves? La montaña que palpita lejos
entre vapor violeta y hielos blancos
día tras día perderá sus flancos
rodando en piedras por los valles viejos.

¿Ves? Este bosque donde salto y juego
como criatura alegre y primitiva
ha de vencerlo el músculo y el fuego:
ni su raíz ha de quedarse viva.

¿Ves? Este mar donde me pierdo a nado,
en voluptuoso trance de sirena,
desierto enorme de flotante arena
será mañana cuando esté secado.

La tierra rosa, de la vida fuente,
llena de estatuas, mágico palacio,
donde soñamos, dueña del espacio …
mundo florido … muere lentamente.

¿Ves? Estos ojos como el cielo azules …
¿Ves? Estas manos como el nácar finas …
¿Ves? Mis pestañas como golondrinas …
La muerte blanca les pondrá sus tules.

¿Ves? Las abejas embriagadas zumban …
Florezco entera … Toda luz me toca …
¡Y he de pasar! – Los cielos se derrumban –
¡Ah, qué me importa! Bésame la boca.

Ach, was kümmert's mich!

Siehst du das? Das lila Gebirge pulsiert
in der Ferne, zwischen Dunst und weißem Eis,
jeden Tag verliert es seine Flanken,
die Stein auf Stein ins uralte Tal hinabrollen.

Siehst du das? Dieser Wald, in dem ich spiele und springe
als einfache, fröhliche Göre;
Muskel und Feuer muss ihn bezwingen,
nicht einmal seine Wurzel darf weiterleben.

Siehst du das? Dieses Meer, in dem ich mich
in froher Meerjungfrauentrance verliere beim Schwimmen,
wird, einmal ausgetrocknet, schon morgen
eine riesige Wüste aus schwimmendem Sand sein.

Rosa Erde, Lebensquell,
gefüllt mit Statuen, das Zauberschloss,
wo wir träumten, Herrscherin des Raums …
die blühende Welt … sie stirbt langsam.

Siehst du das? Diese Augen, blau wie der Himmel …
Siehst du das? Diese Hände, zierlich wie Perlmutt …
Siehst du das? Wimpern wie Schwalben …
Der weiße Tod wird sie mit Tüll bedecken.

Siehst du das? Die berauschten Bienen sirren …
Ich erblühe durch und durch … Alles Licht berührt mich…
Aber ich muss gehen. Die Himmel fallen …
Ach, was kümmert's mich! Küsse mich auf den Mund.

Me atreveré a besarte ...

Tú, de las manos fuertes con dureza de hierro
y los ojos sombríos como un mar en tormenta,
toda suerte o ventura en tus manos se asienta;
la fortuna te sigue, la fortuna es tu perro.

Mírame aquí a tu lado; tirada dulcemente
soy un lirio caído al pie de una montaña.
Mírame aquí a tu lado ... esa luz que me baña,
me viene de tus ojos como de un sol naciente.

¡Cómo envidio tus uñas insertas en tus dedos
y tus dedos insertos de tu mano en la palma,
y tu ser todo inserto en el molde de tu alma!
¡Cómo envidio tus uñas insertas en tus dedos!

A tus plantas te llamo, a tus plantas deliro ...
Oh, tus ojos me asustan ... Cuando miran el cielo
le hacen brotar estrellas. Yo postrada en el suelo
te llamo humildemente con un leve suspiro.

Acoge mi pedido: oye mi voz sumisa,
vuélvete a donde quedo, postrada y sin aliento,
celosa de tus penas, esclava de tu risa,
sombra de tus anhelos y de tu pensamiento.

Acoge este deseo: dame la muerte tuya,
tu postrera mirada, tu abandono postrero,
dame tu cobardía; para tenerte entero,
dame el momento mismo en que todo concluya.

Te miraré a los ojos cuando empiece la sombra
a rondarte despacio ... Cuando se oiga en la sala

Ich werde dich zu küssen wagen …

Du, die starken Hände, hart wie Eisen,
die Augen finster wie eine stürmische See;
alles Geschick, alles Heil ruht in deinen Händen;
das Glück läuft dir nach wie ein Hund.

Sieh mich an hier an deiner Seite. Sanft verführt
bin ich eine Lilie, gefallen am Fuß eines Gebirges.
Sieh mich an … dieses Licht, das um mich fließt,
kommt aus deinen Augen zu mir wie eine aufgehende Sonne.

Wie sehr ich deine Nägel beneide, die an deinen Fingern haften
und deine Finger, die an deinem Handteller haften,
und dein Leben, das ganz und gar am Muster deiner Seele haftet!
Wie sehr ich deine Nägel beneide, die an deinen Fingern haften!

Zu deinen Füßen rufe ich nach dir, zu deinen Füßen rede ich irr …
Oh, deine Augen erschrecken mich … Wenn sie zum Himmel sehen,
treibt er Sterne aus. Leise seufzend
auf die Knien gehend, rufe ich demütig nach dir.

Vernimm mein Flehen, höre meine devote Stimme,
drehe dich zu mir herum, ich verharre hingestreckt und atemlos,
eifersüchtig auf deinen Kummer, Sklavin deines Lachens,
Schatten deines Verlangens und deiner Gedanken.

Vernimm meinen Wunsch: Schenke mir deinen Tod,
einen allerletzten Blick, ein allerletztes Verlassen,
schenk mir deine Feigheit; und um dich zu halten,
schenk mir gerade den Moment, mit dem alles vorüber ist.

Ich werde dir in die Augen sehen, wenn Schatten dich langsam zu
    umkreisen
beginnen … Wenn man im Raum ein mysteriöses Geräusch hört,

un ruido misterioso que ni es paso ni es ala,
un ruido misterioso que se arrastra en la alfombra.

Te miraré a los ojos cuando la muerte abroche
tu boca bien amada que no he besado nunca,
me atreveré a besarte cuando se haga la noche
sobre tu vida trunca.

das kein Schritt ist und kein Flügelschlagen,
ein geheimnisvolles Geräusch, das sich über den Teppich schleppt.

Ich werde dir in die Augen sehen, wenn der Tod
deinen ganz geliebten Mund verschließt, den ich nie geküsst habe,
ich werde dich zu küssen wagen, wenn es Nacht wird
um dein verstümmeltes Leben.

Bien pudiera ser ...

Pudiera ser que todo lo que en verso he sentido
no fuera más que aquello que nunca pudo ser,
no fuera más que algo vedado y reprimido
de familia en familia, de mujer en mujer.

Dicen que en los solares de mi gente, medido
estaba todo aquello que se debía hacer ...
Dicen que silenciosas las mujeres han sido
de mi casa materna ... Ah, bien pudiera ser ...

A veces en mi madre apuntaron antojos
de liberarse, pero, se le subió a los ojos
una honda amargura, y en la sombra lloró.

Y todo esto mordiente, vencido, mutilado,
todo esto que se hallaba en su alma encerrado,
pienso que sin quererlo lo he libertado yo.

Es könnte gut sein …

Es könnte sein, dass alles, was ich in Versen fühlte,
nicht mehr war als was niemals sein durfte,
nicht mehr war als verboten und verklemmt,
von Familie zu Familie, von Frau zu Frau.

Es heißt, dass in Haus und Hof der Meinen, längst
alles angeordnet war, was man zu tun hatte …
Es heißt, dass die Frauen im Hause meiner Mutter
schweigsam waren … Ach, das könnte gut sein …

Manchmal bemerkte man bei meiner Mutter Launen
sich zu befreien; doch dann stieg tiefer Kummer
in ihre Augen und sie weinte in der Dunkelheit.

All dieses Peinigende, Besiegte, Versehrte,
alles, was eingeschlossen war in ihrer Seele,
habe ich, so meine ich, ungewollt befreit.

Alma muerta

Piedras enormes, rojo sol y el polvo
Alzado en nubes sobre tierra seca ...
El sol al irse musitó al oído:
El alma tienes para nunca muerta.

Moviéndose serpientes a mi lado
Hasta mi boca alzaron la cabeza.
El cielo gris, la piedra, repetían:
El alma tienes para nunca muerta.

Picos de buitres se sintieron luego
Junto a mis plantas remover la tierra;
Voces del llano repitió la tarde:
El alma tienes para nunca muerta.

Oh sol fecundo, tierra enardecida,
Cielo estrellado, mar enorme, selva,
Entraos por mi alma, sacudidla ...
Duerme esta pobre que parece muerta.

Ah, que tus ojos se despierten, alma
Y hallen el mundo como cosa nueva ...
Ah, que tus ojos se despierten, alma,
Alma que duermes con olor a muerta ...

Tote Seele

Riesige Steine, rote Sonne und der Staub
in die Wolken erhoben über trockener Erde …
Die Sonne flüsterte im Untergehen:
Deine Seele ist für nie tot.

Schlangen näherten sich mir
und hoben ihre Köpfe hinauf zu meinem Mund.
Der graue Himmel, der Stein wiederholten:
Deine Seele ist für nie tot.

Dann spürte ich, wie nah bei meinen Füßen
Geierschnäbel die Erde aufscharrten;
Stimmen aus dem Llano wiederholte der Abend:
Deine Seele ist für nie tot.

Oh fruchtbare Sonne, entflammte Erde,
Sternenhimmel, riesiges Meer, Urwald,
tretet ein in meine Seele, erschüttert sie …
Die Arme, sie schläft, sieht aus wie tot.

Ach, mögen deine Augen erwachen, Seele,
und die Welt als ein neues Ding vorfinden …
Ach, mögen deine Augen erwachen, Seele,
Seele, du schläfst, und riechst nach Tod …

Ven

Ven esta noche, amado, tengo el mundo
Sobre mi corazón ... La vida estalla ...
Ven esta noche, amado, tengo miedo
De mi alma.

¡Oh no puedo llorar! Dame tus manos
Y verás cómo el alma se resbala
Tranquilamente; cómo el alma cae
En una lágrima ...

Paz

Vamos hacia los árboles... el sueño
Se hará en nosotros por virtud celeste.
Vamos hacia los árboles; la noche
Nos será blanda, la tristeza leve.

Vamos hacia los árboles, el alma
Adormecida de perfume agreste.
Pero calla, no hables, sé piadoso;
No despiertes los pájaros que duermen.

Komm

Komm heute Nacht, Geliebter, die ganze Welt
habe ich auf dem Herzen ... Das Leben zerspringt ...
Komm heut Nacht, Geliebter, ich fürchte mich
vor meiner Seele.

Ach, ich kann nicht weinen! Gib mir deine Hand
und du wirst sehen, wie die Seele
langsam abgleitet, wie die Seele
zu einer Träne wird ...

Friede

Gehen wir zu den Bäumen ... durch himmlische Kraft
wird der Traum wahr werden in uns.
Gehen wir zu den Bäumen; die Nacht
wird sanft mit uns umgehen, die Traurigkeit mild.

Gehen wir zu den Bäumen; betäubt
ist die Seele vom Duft des Waldes.
Aber schweig, rede nicht, sei andächtig,
wecke die schlafenden Vögel nicht.

Peso ancestral

Tú me dijiste: no lloró mi padre;
Tú me dijiste: no lloró mi abuelo;
No han llorado los hombres de mi raza,
Eran de acero.

Así diciendo te brotó una lágrima
Y me cayó en la boca ... más veneno.
Yo no he bebido nunca en otro vaso
Así pequeño.

Débil mujer, pobre mujer que entiende,
Dolor de siglos conocí al beberlo:
Oh, el alma mía soportar no puede
Todo su peso.

Last der Vorfahren

Du sagtest mir: Mein Vater weinte nicht.
Du sagtest mir: Mein Großvater weinte nicht.
Die Männer meines Blutes haben nicht geweint,
sie waren aus Stahl.

Kaum gesagt, quoll dir eine Träne hervor
und fiel mir in den Mund ... noch mehr Gift.
Ich trank niemals aus einem Glas,
das so klein war.

Arme, schwache Frau, die begreift;
Schmerz aus Jahrhunderten erkannte ich, als ich ihn trank:
Ach, meine Seele erträgt nicht
seine ganze Last.

Hablo conmigo

¿Por qué mi mano que acaricia estruja?
¿Por qué estoy ciega cuando puedo ver?
Pregúntale a los astros que se mueven.
Yo no lo sé.

¿Por qué las flores se me vuelven piedras?
¿Por qué en acíbar se me va la miel?
Pregúntale a los vientos que varían.
Yo no lo sé.

¿Por qué la primavera se me hiela?
¿Por qué bebiendo siempre tengo sed?
Pregúntale a las faces de la luna.
Yo no lo sé.

¿Por qué la más humilde, la más buena,
Me hago una copa de ácidos y hiel?
Pregúntale a los días que se nublan.
Yo no lo sé.

¿Por qué no pido ni una gota de agua
Yo que mendiga soy desde el nacer?
Pregúntale a la atmósfera que cambia.
Yo no lo sé.

¿Por qué si el mundo pesa en mis espaldas
Amo ese peso y no andaré sin él?
Pregúntale a Dios, si lo conoces.
Yo no lo sé.

¿Por qué una noche, si lo odiaba, luna,
Bajo tus luces claras lo besé?
Pregúntale a los ojos de aquel hombre.
Yo no lo sé.

Ich rede mit mir

Warum zerquetscht meine Hand, die doch streichelt?
Warum bin ich blind, wenn ich sehen kann?
Frag es die Sterne, die sich bewegen.
Ich weiß es nicht.

Warum geraten die Blumen mir zu Steinen?
Warum wird der Honig mir zu Bitternis?
Frag es die wechselnden Winde.
Ich weiß es nicht.

Warum gefriert mir der Frühling?
Warum habe ich Durst, wenn ich trinke?
Frag es die Antlitze des Mondes.
Ich weiß es nicht.

Warum mache ich, die geringste und tüchtigste, mir
ein Glas aus Säure und Galle?
Frag es die Tage, die sich trüben.
Ich weiß es nicht.

Warum bitte ich nicht einmal um einen Tropfen Wasser,
wo ich doch bettele, seit ich geboren bin?
Frag es die Stimmung, die sich ändert.
Ich weiß es nicht.

Warum, wenn die Welt auf meinen Schultern lastet,
liebe ich dieses Gewicht und gehe nicht ohne es?
Frag es Gott, wenn du ihn kennst.
Ich weiß es nicht.

Warum, Mond, wenn ich ihn doch hasste,
küsste ich ihn unter deinem hellen Licht?
Frag es die Augen jenes Mannes.
Ich weiß es nicht.

Miedo divino

La noche, la noche se acerca a nosotros,
Como altas estrellas temblamos los dos,
El aire se llena de notas ligeras:
Es todo emoción.

La noche, tus ojos, el corazón nuestro,
El cielo y el mundo es todo un temblor,
Jugosas las almas, mojamos los ojos,
Lleno el corazón.

Estamos tan solos, amado, tan solos,
Que todo lo entiendo porque todo soy,
La Noche, la Sombra, la Vida, el Silencio,
La Paz y el Amor.

Te amo – me dices despacio – te amo.
Y entonces soy menos que un hilo en temblor ...
Se apagan los ojos, el cielo se borra,
Se acaba la voz.

Silencio, susurro, armonía, la noche
Late dulcemente en torno de nos,
Late dulcemente como si entendiera
Que me muero yo ...

Te amo – susurras de nuevo – y ahora,
El cielo se inunda de fulguración,
Se agrandan los astros, se tocan, lo cubren ...
¡Oh, siento terror!

Oh amado, los astros que brillan enormes,
Los muertos que vagan, la sombra de Dios,
La noche, la noche que cae en mi alma,
No dejes amado que muera de amor ...

Göttliche Angst

Die Nacht, die Nacht kommt uns beiden näher,
wie erhabene Sterne zittern wir,
die Luft voll unbekümmerter Töne.
Nur Gefühl.

Die Nacht, deine Augen, unser Herz,
Himmel und Welt sind ein Beben,
aufrichtig die Seelen, die Augen feucht,
voll das Herz.

Wir sind allein, Geliebter, so allein,
dass ich alles verstehe, weil ich alles bin,
Nacht, Schatten, das Leben, die Stille,
Friede und Liebe.

Ich liebe dich – sagst du mir leise – ich liebe dich.
Und dann bin ich weniger als ein gespannter Draht ...
Die Augen erlöschen, der Himmel schwindet,
die Stimme verstummt.

Stille, Murmeln, Einklang, die Nacht
pocht sanft rings um uns,
pocht so sanft, als wenn sie verstünde,
dass ich sterbe.

Ich liebe dich – murmelst du von neuem – und jetzt
quillt der Himmel über vor Aufleuchten,
vergrößern sich die Sterne, berühren einander, bedecken ihn ...
Oh, ich spüre Angst!

Oh Geliebter, die Sterne leuchten riesengroß,
die Toten streifen umher, der Schatten Gottes,
die Nacht, die Nacht, die in meine Seele sinkt,
lass nicht zu, Geliebter, dass ich vor Liebe sterbe ...

La caricia perdida

Se me va de los dedos la caricia sin causa,
se me va de los dedos … En el viento, al rodar,
la caricia que vaga sin destino ni objeto,
la caricia perdida, ¿quién la recogerá?

Pude amar esta noche con piedad infinita,
pude amar al primero que acertara a llegar.
Nadie llega. Están sólo los floridos senderos.
La caricia perdida rodará … rodará …

Si en los ojos te besan esta noche, viajero,
si estremece las ramas un dulce suspirar,
si te oprime los dedos una mano pequeña
que te toma y te deja, que te logra y se va,

si no ves esa mano ni la boca que besa,
si es el aire quien teje la ilusión de llamar,
oh, viajero, que tienes como el cielo los ojos,
en el viento fundida, ¿me reconocerás?

Verlorene Zärtlichkeit

Grundlose Zärtlichkeit gleitet mir aus den Händen,
aus den Händen gleitet sie mir … Verweht vom Wind,
irrt die Zärtlichkeit umher, ohne Ziel und ohne Gegenstand,
verlorene Zärtlichkeit – wer wird sie auflesen?

Ich konnte lieben in dieser Nacht, mit unendlicher Hingabe,
den erstbesten konnte ich lieben, der naht.
Doch niemand naht. Allein blumenbekränzte Wege.
Verlorene Zärtlichkeit irrt umher … sie irrt umher …

Wenn jemand deine Augen küsst heut Nacht, Reisender,
wenn süßes Seufzen die Zweige erschauern lässt,
wenn eine kleine Hand deine Finger drückt,
die dich nimmt und dich verlässt, dich bekommt und dann geht,

wenn du diese Hand nicht siehst und nicht den Mund, der küsst,
wenn nur die Luft den Trug webt, den Ruf trägt,
oh, Reisender mit Augen wie ein Himmel,
mit dem Wind verschmolzen bin ich – wirst du mich erkennen?

Languidez

Está naciendo Octubre
con sus mañanas claras.

He dejado mi alcoba
Envuelta en telas claras,
anudado el cabello
al descuido; mis plantas
libres, desnudas, juegan.

Me he tendido en la hamaca,
muy cerca de la puerta,
un poco amodorrada.
El sol que está subiendo
ha encontrado mis plantas
y las tiñe de oro …

Perezosa, mi alma
ha sentido que, lento,
el sol subiendo estaba
por mis pies y tobillos
así como buscándola.

Yo sonrío: este bueno
de sol no ha de encontrarla,
pues yo, que soy su dueña,
no sé por dónde anda:
cazadora, ella parte
y trae, azul, la caza …

Un niño viene ahora,
la cabeza dorada …

Ermattung

Es wird Frühling,
helle, klare Morgenstunden.

Ich habe meine Schlafkammer verlassen,
eingehüllt in helle Tücher,
das Haar nachlässig
als Knoten; die Füße spielen,
frei und nackt.

Ich habe mich in der Hängematte ausgestreckt,
ganz nah an der Türe,
ein wenig verschlafen.
Die Sonne steigt empor
erreicht meine Füße
und färbt sie golden …

Meine träge Seele
hat gemerkt, dass die Sonne
mir langsam Füße und Knöchel
hochgeklettert ist,
wie auf der Suche nach ihr.

Ich lächele: Diese schöne Sonne
braucht sie nicht zu finden,
denn ich, die ich ja ihre Herrin bin,
weiß nicht, wo sie ist –
als Jägerin zieht sie los
und bringt blaue Jagd …

Ein kleiner Junge kommt jetzt heran,
mit goldnem Kopf …

Se ha sentado a mi lado,
cerrada la palabra;
como yo el cielo mira,
como yo, sin ver nada.
Me acaricia los dedos
de los pies, con la blanca
mano; por los tobillos
las yemas delicadas
de sus dedos desliza …
Por fin, sobre mis plantas
ha puesto su mejilla,
de flor recién regada.

Cae el sol dulcemente,
oigo voces lejanas,
está el cielo muy lejos …

Yo sigo amodorrada
con la rubia cabeza
muerta sobre mis plantas.

… Un pájaro … la arteria
que por su cuello pasa …

Hat sich an meine Seite gesetzt,
ohne ein Wort zu sagen;
genau wie ich betrachtet er den Himmel,
und, genau wie ich, ohne irgendetwas zu erkennen.
Mit weißer Hand streichelt
er meine Zehen; die dünnen Knospen seiner
Finger lässt er über meine Fesseln gleiten …
Endlich seine Wange,
frisch benetzte Blüte,
auf meine Füße gelegt.

Die Sonne geht sachte unter,
ich höre entfernte Stimmen,
der Himmel ist sehr fern …

Noch immer bin ich benommen,
den blonden, toten
Kopf auf meinen Füßen.

… Ein Vogel … die Ader,
die an seinem Hals verläuft …

Siglo XX

Me estoy consumiendo en vida,
gastando sin hacer nada,
entre las cuatro paredes
simétricas de mi casa.

¡Eh, obreros! ¡Traed las picas!
Paredes y techos caigan,
me mueva el aire la sangre,
me queme el sol las espaldas ...

Mujer soy del siglo XX;
paso el día recostada
mirando, desde mi cuarto,
cómo se mueve una rama.

Se está quemando la Europa
y estoy mirando sus llamas
con la misma indiferencia
con que contemplo esa rama.

Tú, el que pasas: no me mires
de arriba abajo; mi alma
grita su crimen, la tuya
lo esconde bajo palabras.

20. Jahrhundert

Ich schmachte nach Leben,
verschwenden, ohne etwas zu tun,
zwischen den vier symmetrischen
Wänden meines Hauses.

He, Arbeiter! Bringt Hacken herbei!
Wände und Dächer sollen fallen,
der Wind soll mein Blut antreiben,
die Sonne soll meinen Rücken verbrennen ...

Ich bin eine Frau des XX. Jahrhunderts;
ausgeruht verbringe ich den Tag,
von meinem Zimmer aus sehe ich zu,
wie ein Ast sich bewegt.

Europa brennt,
und ich betrachte seine Flammen
mit derselben Gleichgültigkeit,
mit der ich jenen Ast anschaue.

Du, der vorbeigeht – guck mich nicht an
von oben bis unten; meine Seele
brüllt ihre Schandtat gerade heraus, deine
verbirgt sie hinter Worten.

Un cementerio que mira al mar

Decid, oh muertos, ¿quien os puso un día
así acostados junto al mar sonoro?
¿Comprendía quien fuera que los muertos
se hastían ya del canto de las aves
y os han puesto muy cerca de las olas
porque sintáis del mar azul, el ronco
bramido que da miedo?

Os estáis junto al mar que no se calla
muy quietecitos, con el muerto oído
oyendo cómo crece la marea,
y aquel mar que se mueve a vuestro lado
es la promesa no cumplida de una
resurrección.

En primavera, el viento, suavemente,
desde la barca que allá lejos pasa,
os trae risas de mujeres ... Tibio
un beso viene con la brisa, filtra
la piedra fría y se acurruca, sabio,
en vuestra boca, y os consuela un poco ...

Pero en noches tremendas, cuando aúlla
el viento sobre el mar y allá a lo lejos
los hombres vivos que navegan tiemblan
sobre los cascos débiles, y el cielo
se vuelca sobre el mar en aluviones
vosotros, los eternos contenidos,
no podéis más

y en un lenguaje que ninguno entiende
gritáis: – Venid, olas del mar, rodando,
venid en masa y envolvednos como

Ein Friedhof, der aufs Meer geht

Sagt, oh Ihr Toten, wer legte Euch einstmals
leidlich nahe dem Wohlklang des Meeres?
Erkannte, wer immer es war, dass die Toten
schon gelangweilt waren vom Gesang der Vögel,
und legte man Euch ganz nah an die Wogen,
damit Ihr das dumpfe Tosen
der blauen See hört, das Angst macht?

Sehr ruhig seid Ihr, nahe am Meer,
das nicht schweigt, mit leblosem Gehör,
das hört, wie die Flut kommt,
und dieses Meer, das sich an Eurer Seite regt,
ist das unerfüllte Versprechen einer
Wiederauferstehung.

Im Frühling trägt der Wind freundlich
von dem Boot, das vorbeifährt,
Frauenlachen zu Euch ... Wohlig
kommt mit dem Seewind ein Kuss herbei, sickert
durch den kalten Stein, kuschelt sich klug
in Eure Münder und tröstet Euch ein wenig ...

In schlimmen Nächten aber, wenn der Wind
über dem Meer heult und weit draußen
lebendige Männer, die zur See fahren,
auf zerbrechlichen Nussschalen zittern, und der Himmel
stürzt sich schwallartig auf das Meer,
Und Ihr, die fortwährend Gelassenen,
haltet es nicht mehr aus,

und so schreit Ihr, in einer Sprache, die niemand
versteht: »Kommt, Meereswogen, wälzt Euch,
kommt in Massen und umfasst uns, wie

nos envolvieron, de pasión movidos,
brazos amantes. Estrujadnos, olas,
movednos de este lecho donde estamos
horizontales, viendo cómo pasan
los mundos por el cielo, noche a noche ...
entrad por nuestros ojos consumidos,
buscad la lengua, la que habló, y movedla,
¡echadnos fuera del sepulcro a golpes!

Y acaso el mar escuche, innumerable,
vuestro llamado, monte por la playa,
¡y os cubra al fin terriblemente hinchado!
Entonces, como obreros que comprenden,
se detendrán las olas y leyendo
las lápidas inscriptas, poco a poco
las moverán a suaves golpes, hasta
que las desplacen, lentas, y os liberten.
¡Oh, qué hondo grito el que daréis, qué enorme
grito de muerto, cuando el mar os coja
entre sus brazos, y os arroje al seno
del grande abismo que se mueve siempre!

Brazos cansados de guardar la misma
horizontal postura; tibias largas,
calaveras sonrientes; elegantes
fémures corvos, confundidos todos,
danzareis bajo el rayo de la luna
la milagrosa danza de las aguas.

Y algunas desprendidas cabelleras,
rubias acaso, como el sol que baje
curioso a veros, islas delicadas
formarán sobre el mar y acaso atraigan
a los pequeños pájaros viajeros.

liebevolle Arme uns, von Leidenschaft bewegt,
umfassten. Zerdrückt uns, Wellen,
treibt uns aus diesem Lager, wo wir
liegend zusehen, wie die Welten
Nacht für Nacht über den Himmel ziehen …
kommt herein durch unsere ausgemergelten Augen,
sucht nach der Zunge, die, die sprach und bewegt sie,
werft uns unter Schlägen aus der Gruft!«

Und womöglich hört das unzählbare Meer
Euer Rufen, steigt auf den Strand
und, furchtbar hochgehend, umhüllt es Euch endlich!
Dann endlich werden die Wellen entspannen,
wie Arbeiter, die begreifen, und während sie
die Grabinschriften lesen, bewegen sie sie sachte
mit leichten Stößen, bis sie
sie langsam entfernen, und Euch befreien.
Oh, welch tiefgehenden Schrei werden sie ausstoßen, welch
ungeheuren Totenschrei, sobald das Meer Euch in seine Arme
nimmt, und Euch in den Schoß
der großen Hölle schleudert, die immer in Bewegung ist!

Arme, die es müde sind, dieselbe waagerechte
Haltung zu bewahren; warme, große,
lächelnde Totems; elegante,
gekrümmte, durcheinandergeworfene Schenkelknochen,
Ihr werdet im Mondeslicht
den wundersamen Tanz der Wässer tanzen.

Und einige ausgefallene Haare –
blond vielleicht, wie die Sonne, die neugierig
herabsteigt, um Euch zu sehen – werden auf dem Meer
dünne Inseln bilden und vielleicht
kleine Zugvögel anziehen.

Domingos

En los domingos, cuando están las calles
del centro quietas,
alguna vez camino, y las oscuras,
cerradas puertas
de los negocios, son como sepulcros
sobre veredas.

Si yo golpeara en un domingo de esos
las frías puertas,
de agrisado metal, sonido hueco
me respondiera ...
Se prolongara luego por las calles
grises y rectas.

¿Qué hacen en los estantes, acostadas,
las negras piezas
de géneros? Estantes, como nichos,
guardan las muertas
cosas, de los negocios adormidos
bajo sus puertas.

Una que otra persona por las calles
solas, se encuentra:
un hombre, una mujer, manchan el aire
con su presencia,
y sus pasos se sienten uno a uno
en la vereda.

Detrás de las paredes las personas
¿mueren o sueñan?
Camino por las calles: se levantan
mudas barreras

Sonntage

Sonntags, wenn die Straßen
der Innenstadt ruhig sind,
gehe ich manchmal spazieren, und die düsteren,
geschlossenen Türen der Geschäfte
sind wie Grabmäler
auf Gehsteigen.

Wenn ich an einem dieser Sonntage
an die kalten Türen aus grauem Metall klopfen würde,
ein hohler Ton
antwortete mir ...
Und er würde sich durch die grauen und gradlinigen
Straßen ziehen.

Was machen die schwarzen Stoffballen
in den Regalen?
In Regalen wie Nischen,
die tote Ware
behüten,
derweil die Geschäfte schlafen
hinter ihren Türen.

Den einen oder anderen einsamen Menschen trifft man
auf der Straße an:
Ein Mann und eine Frau beflecken die Luft
mit ihrer Anwesenheit,
man hört jeden ihrer Schritte
auf dem Gehweg.

Sterben oder träumen
die Menschen hinter den Mauern?
Ich spaziere durch die Straßen: Stumme Hürden

a mis costados: dos paredes largas
y paralelas.

Vueltas y vueltas doy por esas calles;
por donde quiera,
me siguen las paredes silenciosas,
y detrás de ellas
en vano saber quiero si los hombres
mueren o sueñan.

erheben sich an meinen Seiten: Zwei lange und parallele
Mauern.

Wieder und wieder gehe ich durch jene Straßen,
wo auch immer,
die stillen Mauern folgen mir,
vergebens möchte ich wissen,
ob hinter ihnen die Menschen
sterben oder träumen.

Tristeza

Al lado de la gran ciudad se tiende
el río. Cieno
muy líquido. Parece
que no se mueve, que está muerto, pero
se mueve.

Justamente como es cieno
se va buscando el mar azul y limpio,
y hacia él, muy pesado, mueve el cuerpo
sin detenerse nunca; siempre otro
aunque parezca el mismo.

Río muerto,
desde esta torre, mientras muere el día,
ensoñando lo veo
que se ensancha en un vasto semicírculo
y se pierde allá lejos
bajo la bruma gris, cortada a ratos
por un triángulo blanco.

Sobre el puerto
buques y buques se amontonan, y éstos
parecen peces monstruos afanados
sobre un mismo alimento.

Traurigkeit

Neben der großen Stadt streckt sich
der Fluss. Flüssiger
Schlamm. Es scheint,
als ob er sich nicht bewegte, als ob er leblos wäre,
aber er bewegt sich.

    Gerade weil er Schlamm ist,
sucht er das blaue, saubere Meer,
und hin zu ihm, bewegt er den Körper sehr schwerfällig,
ohne je zu entspannen; ständig anders,
und scheint doch gleich.

    Toter Fluss,
der Tag stirbt,
und ich sehe weltentrückt vom Turm aus,
wie der Fluss zu einem großen Halbkreis anschwillt
und sich in weiter Ferne verliert
in grauem Nebel, der für Momente zerschnitten
von einem weißen Dreieck.

    Im Hafen
sammeln sich Schiffe über Schiffe, sie ähneln
riesigen Fischen, die einander
das Futter stehlen.

Siesta

Sobre la tierra seca
El sol quemando cae:
Zumban los moscardones
Y las grietas se abren ...
El viento no se mueve.
Desde la tierra sale
Un vaho como de horno;
Se abochorna la tarde
Y resopla cocida
Bajo el plomo del aire ...
Ahogo, pesadez,
Cielo blanco; ni un ave.

Se oye un pequeño ruido:
Entre las pajas mueve
Su cuerpo amosaicado
Una larga serpiente.
Ondula con dulzura.
Por las piedras calientes
Se desliza, pesada,
Después de su banquete
De dulces y pequeños
Pájaros aflautados
Que le abultan el vientre.

Se enrosca poco a poco,
Muy pesada y muy blanda.
Poco a poco se duerme
Bajo la tarde blanca.
¿Hasta cuándo su sueño?
Ya no se escucha nada.

Larga siesta de víbora
Duerme también mi alma.

Siesta

Über vertrockneter Erde geht
eine stechende Sonne unter.
Schmeißfliegen schwirren
und am Boden öffnen sich Risse …
Der Wind regt sich nicht.
Von der Erde steigt
ein Dunst wie aus Öfen auf;
der Abend ist versengt
und schnauft wie gebrannt
unter dem Bleigewicht der Luft …
Beklemmung, Schwere,
ein weißer Himmel – und nicht einmal ein Vogel.

Ein leises Geräusch ist zu hören:
Durch das trockene Gras
bewegt eine lange Schlange
ihren mosaikhaften Körper.
Anmutig windet sie sich.
Über erhitzte Steine
gleitet sie schwerfällig dahin,
nach ihrem Festmahl
aus niedlichen, kleinen,
zwitschernden Vögeln,
die ihren Bauch aufblähen.

Stück für Stück rollt sie sich zusammen,
sehr schwer und sehr schlapp.
Nach und nach schläft sie ein
Unter dem weißen Abend.
Wie lange sie schlafen wird?
Schon ist nichts mehr zu hören.

Lange Siesta einer Viper.
Auch meine Seele schläft.

Borrada

El día que me muera, la noticia
Ha de seguir las prácticas usadas,
Y de oficina en oficina al punto,
Por los registros seré yo buscada.

Y allá muy lejos, en un pueblecito
Que está durmiendo al sol en la montaña,
Sobre mi nombre, en un registro viejo,
Mano que ignoro trazará una raya.

La mirada

Mañana, bajo el peso de los años,
Las buenas gentes me verán pasar,
Mas bajo el paño oscuro y la piel mate
Algo del muerto fuego asomará.

Y oiré decir: ¿quién es esa que ahora
Pasa? Y alguna voz contestará:
– Allá en sus buenos tiempos,
Hacía versos. Hace mucho ya.

Y yo tendré mi cabellera blanca,
Los ojos limpios, y en mi boca habrá
Una gran placidez, y mi sonrisa
Oyendo aquello no se apagará.

Seguiré mi camino lentamente,
Mi mirada a los ojos mirará,
Irá muy hondo la mirada mía,
Y alguién, en el montón, comprenderá.

Ausradiert

Am Tag, an dem ich sterbe, wird die Nachricht
ganz sicher den üblichen Weg gehen,
und man wird von Büro zu Büro
in den Meldestellen umgehend nach mir fahnden.

Und fernab von hier, in einem kleinen Dorf
in den Bergen, das in der Sonne schläft,
wird eine fremde Hand in einem alten Register
einen Strich durch meinen Namen ziehen.

Der Blick

Morgen werden die Leute mich
unter der Last der Jahre vorübergehen sehen,
jedoch wird unter der dunklen Kleidung und der matten Haut
etwas vom leblosen Feuer zum Vorschein kommen.

Und ich werde sagen hören: Wer ist denn die da, die gerade
vorübergeht? Und irgendeine Stimme wird antworten:
– Damals, in ihren guten Jahren,
machte sie Verse. Ist schon lange her.

Ich werde mein schneeweißes Haar haben,
klare Augen, und mein Mund wird voll
Gelassenheit sein, mein Lächeln stellt
sich nicht ab, wenn es das vernimmt.

Ich werde langsam weitergehen,
mein Blick wird in andere Augen blicken,
sehr eindringlich wird mein Blick sein,
und irgendjemand in der Menge wird erkennen.

¿De qué me quejo?

¿De qué me quejo? Es cierto que me bajé hasta el fondo
del alma del que amaba, y lleno de sí mismo
lo hallé, y al viento helado de su helado egoísmo
dudé que el globo fuera, como dicen, redondo.

¿De qué me quejo? ¿Acaso porque el cuerpo, en su daño,
afiebrado se arrastra en zig zag por el suelo,
y el monstruo pecho hinchado le impide alzar el vuelo,
pues dentro el pulpo negro crece del desengaño?

¿De qué me quejo? ¡Gracias! Mantengo todavía
vértebra sobre vértebra. Hacia la melodía
mi fina red nerviosa aún puede con anhelo

tenderse, oír los dulces, inefables, sonidos.
En mis cuencas aún giran los ojos sostenidos
y aunque pesados se alzan hacia tu luz, ¡oh cielo!

Weshalb klage ich überhaupt?

Weshalb klage ich überhaupt? Gewiss, ich ging bis auf den Grund
der Seele dessen, den ich liebte. Erfüllt allein von sich
traf ich ihn an, und im eiskalten Wind seines Egoismus
kamen mir Zweifel, ob der Erdball wirklich so rund ist, wie man sagt.

Weshalb klage ich überhaupt? Etwa, weil der verletzte Körper
sich fiebrig im Zickzack auf dem Boden verbiegt,
und der ungeheure, geschwollene Busen ihn am Abheben hindert,
und drinnen aus der Enttäuschung ein schwarzer Krake erwächst?

Weshalb klage ich überhaupt? Vielen Dank! Noch halte ich
Wirbel auf Wirbel. Zu jener Melodie hin
spannt sich mein feines Nervengeflecht noch

sehnlich, hört unbeschreiblich süße Klänge.
Getragen von den Augenhöhlen, kreisen meine Augen noch,
und obwohl sie schwer sind, sie streben doch, oh Himmel, hin
    zu deinem Licht!

Tú que nunca serás …

Sábado fue y capricho el beso dado,
capricho de varón, audaz y fino,
mas fue dulce el capricho masculino
a este mi corazón, lobezno alado.

No es que crea, no creo, si inclinado
sobre mis manos te sentí divino
y me embriagué; comprendo que este vino
no es para mí, mas juego y rueda el dado …

Yo soy ya la mujer que vive alerta,
tú el tremendo varón que se despierta
y es un torrente que se ensancha en río

y más se encrespa mientras corre y poda.
Ah, me resisto, mas me tienes toda,
tú, que nunca serás del todo mío.

Du, der niemals …

Samstag war es und eine Laune der Kuss,
Mannes-Laune, verwegen und fein,
doch die männliche Laune war süß
für dieses mein Herz, den geflügelten jungen Wolf.

Es ist nicht so, dass ich gläubig wäre, nein ich glaube nicht,
        wenngleich ich
dich, gebeugt über meine Hände, als göttlich empfand,
und ich mich daran berauschte; ich sehe ein, dass dieser Wein
nicht für mich ist, aber ich spiele und die Kugel rollt.

Ich bin schon die Frau, die wachsam lebt,
du der schreckliche Mann, der erwacht;
ein Bach, der sich zum Fluss weitet

und immer mehr anschwillt, während er vernichtend dahinströmt.
Ach, ich widerstrebe, doch hast du mich vollständig,
du, der mir niemals ganz gehören wird.

Encuentro

Lo encontré en una esquina de la calle Florida
más pálido que nunca, distraído como antes.
Dos largos años hubo poseído mi vida ...
Lo miré sin sorpresa, jugando con mis guantes.

Y una pregunta mía, estúpida, ligera,
de un reproche tranquilo llenó sus transparentes
ojos, ya que le dije de liviana manera:
– ¿ Por qué tienes ahora amarillos los dientes?

Me abandonó. De prisa le vi cruzar la calle
y con su manga oscura rozar el blanco talle
de alguna vagabunda que andaba por la vía.

Perseguí por un rato su sombrero que huía ...
Después fue, ya lejano, una mancha de herrumbre.
Y lo engulló de nuevo la espesa muchedumbre.

Begegnung

An einer Ecke Calle Florida traf ich ihn;
Er war blass wie nie und zerstreut wie eh und je.
Zwei lange Jahre besaß er mein Leben ...
Ohne überrascht zu sein sah ich ihn an, spielte mit meinen
    Handschuhen.

Eine dumme, unbedachte Frage von mir
erfüllte seine glasklaren Augen mit einem stillen
Vorwurf , denn leichtfertig sagte ich zu ihm:
– Warum sind denn deine Zähne jetzt so gelb?

Er ließ mich stehen. Ich sah, wie eilig er die Straße überquerte
und mit seinem dunklen Ärmel leicht die weiße Taille
einer Stromerin berührte, die des Weges ging.

Eine Weile noch folgte ich seinem fliehenden Hut ...
Alsbald war er, weit entfernt, nur ein rostroter Fleck.
Und die dichte Menge verschlang ihn wieder.

El engaño

Soy tuya, Dios lo sabe por qué, ya que comprendo
Que habrás de abandonarme, fríamente, mañana,
Y que, bajo el encanto de mis ojos, te gana
Otro encanto el deseo, pero no me defiendo.

Espero, que esto un día cualquiera se concluya,
Pues intuyo, al instante, lo que piensas o quieres.
Con voz indiferente te hablo de otras mujeres
Y hasta ensayo el elogio de alguna que fue tuya.

Pero tú sabes menos que yo, y algo orgulloso
De que te pertenezca, en tu juego engañoso
persistes, con un aire de actor del papel dueño.

Yo te miro callada con mi dulce sonrisa,
Y cuando te entusiasmas, pienso: no te des prisa.
No eres tú el que me engaña, quien me engaña es mi sueño.

Trug

Ich gehöre dir, Gott weiß wieso; ich weiß doch,
dass du mich morgen eiskalt verlassen wirst,
und dass vor meinen bezauberten Augen, ein anderer
Zauber deine Lust umschmeichelt, ich mich aber nicht dagegen wehre.

Ich hoffe, daß dies irgendeines Tages endet,
denn ich erkenne sogleich, was du denkst, was du möchtest.
Gleichgültig erzähle ich dir von der einen oder anderen Frau,
bemühe mich gar, mal eine zu rühmen, die dir gehörte.

Aber du erkennst weniger als ich; und ein wenig stolz,
dass ich dir gehöre, beharrst du, mit der Miene eines Schauspielers,
der Herr seiner Rolle ist, auf dem trügerischen Spiel.

Schweigend und mit einem süßen Lächeln sehe ich dich an,
und wenn du mir vorschwärmst, denke ich: Überstürze nur nichts.
Nicht du bist es, der mich betrügt; der mich betrügt, ist mein Traum.

Romance de la venganza

Cazador alto y tan bello
como en la tierra no hay dos,
se fue de caza una tarde
por los montes del Señor.

Seguro llevaba el paso,
listo el plomo, el corazón
repicando, la cabeza
erguida, y dulce la voz.

Bajo el oro de la tarde
tanto el cazador cazó,
que finas lágrimas rojas
se puso a llorar el sol ...

Cuando volvía cantando
suavemente, a media voz,
desde un árbol, enroscada,
una serpiente lo vio.

Iba a vengar a las aves,
mas, tremendo, el cazador,
con hoja de firme acero
la cabeza le cortó.

Pero aguardándolo estaba
a muy pocos pasos yo..
Lo até con mi cabellera
y dominé su furor.

Ya maniatado le dije:
Pájaros matasteis vos,

Romanze der Rache

Ein Jägersmann, großgewachsen und so schön,
wie es keinen zweiten gibt auf Erden
ging eines Nachmittags auf die Jagd
in den Bergen des Herrn.

Sicher hielt er Tritt,
die Bleikugel bereit, das Herz
schnellschlagend, den Kopf
erhoben und die Stimme süß.

Unterm goldenen Nachmittag
erjagte der Jäger so viel,
dass die Sonne dünne rote Tränen
zu weinen begann …

Als er lieblich und halblaut
singend zurückkehrte,
sah ihn eine Schlange,
eingerollt auf einem Baum.

Sie würde die Vögel rächen,
jedoch schnitt ihr der Jäger,
abscheulich, mit einer Klinge
aus festem Stahl den Kopf ab.

Aber nur wenige Schritte entfernt
belauerte ich ihn.
Ich fesselte ihn mit meinem Haar
und beherrschte sein Toben.

Die Hände schon gefesselt, sagte ich ihm:
Vögel tötetest du,

y voy a tomar venganza,
ahora que mío sois ...

Mas no lo maté con armas,
busqué una muerte peor:
lo besé tan dulcemente
¡que le partí el corazon!

Envío

Cazador: si vas de caza
por los montes del Señor,
teme que a pájaros venguen
hondas heridas de amor.

und ich werde Rache nehmen,
jetzt, wo du mir gehörst ...

Aber nicht mit Waffen tötete ich ihn,
ich wählte einen weit schlimmeren Tod:
Ich küsste ihn derart sanft,
dass ich ihm das Herz brach!

Widmung

Jägersmann: Wenn du auf die Jagd gehst
in den Bergen des Herrn,
fürchte, dass der Vögel tiefe Liebeswunden
gerächt werden.

Dolor

Quisiera esta tarde divina de octubre
Pasear por la orilla lejana del mar;

Que la arena de oro, y las aguas verdes,
Y los cielos puros me vieran pasar.

Ser alta, soberbia, perfecta, quisiera,
Como una romana para concordar

Con las grandes olas, y las rocas muertas
Y las anchas playas que ciñen el mar.

Con el paso lento, y los ojos fríos
Y la boca muda, dejarme llevar;

Ver cómo se rompen las olas azules
Contra los granitos y no parpadear;

Ver cómo las aves rapaces se comen
Los peces pequeños y no despertar;

Pensar que pudieran las frágiles barcas
Hundirse en las aguas y no suspirar;

Ver que se adelanta, la garganta al aire,
El hombre más bello, no desear amar …

Perder la mirada, distraídamente,
Perderla, y que nunca la vuelva a encontrar;

Y, figura erguida, entre cielo y playa,
Sentirme el olvido perenne del mar.

Schmerz

An diesem göttlichen Oktober-Abend möchte ich
am fernen Meeresufer spazieren;

der goldene Sand und die grünen Wasser
und die makellosen Himmel sähen mich vorübergehen.

Groß möchte ich sein, prächtig, perfekt,
wie eine Waage, die versöhnt und die hohen Wellen

in Einklang bringt mit den toten Felsen
und den weiten Stränden, die das Meer einfassen.

Mit langsamem Schritt, kühlem Auge
und wortlosem Mund; mich davontragen lassen.

Sehen, wie die blauen Wellen sich brechen
auf dem Granit, und nicht blinzeln.

Sehen, wie die Raubvögel die kleinen
Fische fressen, und nicht erwachen.

Bedenken, dass die zerbrechlichen Boote
im Wasser untergehen könnten, und nicht seufzen.

Sehen, dass mit nacktem Hals
der schönste Mann vorausgeht, und nicht lieben wollen …

Gedankenlos den Blick verlieren,
ihn verlieren, den Blick, ihn nie wiederfinden;

und, mit hocherhobenem Kopf, zwischen Himmel und Strand
das beständige Vergessen des Meeres fühlen.

Calle

Un callejón abierto
Entre altos paredones grises.
A cada momento
La boca oscura de las puertas,
Los tubos de los zaguanes,
Trampas conductoras
A las catacumbas humanas.
¿No hay un calofrío
En los zaguanes?
¿Un poco de terror
En la blancura ascendente
De una escalera?
Paso con premura.
Todo ojo que me mira
Me multiplica y dispersa
Por la ciudad.
Un bosque de piernas,
Un torbellino de círculos
Rodantes,
Una nube de gritos y ruidos,
Me separan la cabeza del tronco,
Las manos de los brazos,
El corazón del pecho,
Los pies del cuerpo,
La voluntad de su engarce.
Arriba
El cielo azul
Aquieta su agua transparente:
Ciudades de oro
Lo navegan.

Straße

Eine offene Gasse
zwischen hohen, grauen Mauern.
Auf Schritt und Tritt
der dunkle Mund der Türen,
Hausflure wie Röhren,
Fallen, die in Menschen-
Katakomben führen.
Zieht da nicht ein Schauer
durch die Flure?
Ein Schreckenshauch
in der aufsteigenden Weiße
einer Treppe?
Hastig gehe ich vorüber.
Jedes Auge, das mich ansieht,
vervielfacht und verstreut mich
über der Stadt.
Ein Wald aus Beinen,
ein Wirbel aus stürzenden
Kreisen,
eine Wolke aus Geschrei und Lärm
trennen mir den Kopf vom Rumpf,
die Hände von den Armen,
das Herz aus der Brust,
die Füße von den Beinen,
den Willen vom Geist.
Hoch oben
besänftigt
der blaue Himmel sein durchsichtiges Wasser:
Goldene Städte
durchschiffen ihn.

Plaza en invierno

Arboles desnudos
Corren una carrera
Por el rectángulo de la plaza.
En sus epilépticos esqueletos
De volcadas sombrillas
Se asientan,
En bandada compacta,
Los amarillos
Focos luminosos.

Bancos inhospitalidarios,
Húmedos,
Expulsan de su borde
A los emigrantes soñolientos.

Oyendo fáciles arengas ciudadanas,
Un prócer,
Inmóvil sobre su columna,
Se hiela en su bronce.

Platz im Winter

Nackte Bäume
rennen im Rechteck der Plaza
um die Wette.
Auf ihren fallsüchtigen Gerippen,
die umgekippten Sonnenschirmen ähneln,
sammeln sich
Scharen
gelber
Glühbirnen.

Ungastliche,
feuchte Bänke
vertreiben
schläfrige Einwanderer.

Ein Volksheld hört
– bewegungslos auf seinem Sockel –
wohlfeile Reden an
und erfriert in seiner Bronze.

Hombres en la ciudad

Arden los bosques
Del horizonte;
Esquivando llamas,
Cruzan, veloces,
Los gamos azules
Del crepúsculo.

Cabritos de oro
Emigran hacia
La bóveda
Y se recuestan
En los musgos azules.

Se alza
Debajo,
Enorme,
La rosa de cemento,
La ciudad,
Inmóvil en su tronco
De sótanos sombríos.

Emergen
– Cúpulas, torres –
Sus negros pistilos
A la espera del polen
Lunar.

Ahogados
Por las llamas de la hoguera.
Y perdidos
Entre los pétalos
De la rosa,
Invisibles casi,
De un lado a otro,
Los hombres.

Menschen in der Stadt

Die Wälder am Horizont
brennen; die blauen Hirsche
der Dämmerung aber ziehen
vorüber und umgehen behende
die Flammen.

Goldene Rehkitze
ziehen dem Himmelszelt entgegen
und legen sich nieder
auf das blaue Moos.

Unter dem Himmel
reckt sich
die riesige Zementrose,
die Stadt,
unbeweglich auf ihrem Rumpf
aus düstern Kellern.

Ihre Kuppeln und Türme
ragen empor, wie Stempel
im Warten darauf,
dass der Mond
sie bestäube.

Erstickt
von den Flammen des großen Feuers,
und verloren
zwischen den Blütenblättern einer Rose,
unsichtbar fast,
von einem Rand zum anderen:
die Menschen.

Balada arítmica para un viajero

Yo tenía un amor,
un amor pequeñito,
y mi amor se ha ido.
¡Feliz viaje, mi amor, feliz viaje!

No era muy grande mi amor,
no era muy alto;
nunca lo vi en traje de baño;
pero debía tener un cuerpo
parecido al de Suárez.
Mejor dicho, al de Dempsey.

Tampoco era un genio;
se reía siempre, eso sí;
le gustaban los árboles;
acariciaba al pasar
a los niños.

Yo le hubiera regalado
un arco
para que volteara estrellas ...
Pero tuve miedo
que alguna
te cayera en la cabeza, lector:
¡son tan grandes!

Anoche mismo se fue;
tomó un vapor
que medía un cuadra:
demasiado grande para él;
no es un gigante.

Ballade mit gestörtem Rhythmus für einen Reisenden

Ich hatte eine Liebe,
eine kleine Liebe,
und meine Liebe ist fortgegangen.
Gute Reise, mein Liebster, gute Reise!

Meine Liebe war nicht sehr groß,
war nicht so wichtig;
nie sah ich ihn im Badeanzug,
aber er musste einen Körper haben
ähnlich dem von Suárez.
Besser gesagt, dem von Dempsey.

Auch war er kein Genie,
er lachte ständig, das ja;
Bäume gefielen ihm,
und im Vorübergehen streichelte er
Kinder.

Ich hätte ihm einen Bogen
geschenkt,
damit er Sterne stürzen könne …
Aber ich bekam Angst,
dass einer davon
dir auf den Kopf fallen würde, Leser –
sie sind so groß!

Just gestern Nacht ging er;
er nahm ein Dampfschiff
groß wie ein Häuserblock –
zu groß für ihn,
er ist kein Riese.

Ahora lo veo pequeño al buque,
muy pequeño;
me parece solamente
una lanzadera
de máquina de coser
temblando en el filo
de una montaña movible.

Señor camarero,
señor camarero del vapor:
hágale una gran reverencia
cuando lo vea pasar;
estírele bien las sábanas de la cama,
despiértelo con suavidad.

Señorita viajera:
usted, la más hermosa del barco:
mírelo a los ojos con ternura;
dígale con ellos cualquier cosa:
– Me casaría con usted ahora misma.
O si no: – Vamos a tomar
juntos el té.

Y usted, señor Río,
no sea imprudente;
pórtese como un caballero
con un hombre que sueña;
un hombre que sueña
necesita cunas,
aun cuando sea de agua.

No he visto nunca
en el Río de la Plata
peces voladores.
Si hay alguno, que no vuele:

Jetzt kann ich das Schiff nur noch klein sehen,
sehr klein;
es erscheint mir
wie das Schiffchen
einer Nähmaschine,
das zittert auf der Schneide
eines beweglichen Berges.

Herr Ober,
Herr Ober des Dampfschiffs:
verneigen Sie sich tief vor ihm,
wenn Sie ihn vorübergehen sehen;
spannen Sie ihm sorgfältig das Bettlaken,
wecken Sie ihn sanft.

Fräulein Reisende,
Sie, die allerschönste auf dem Schiff:
Machen Sie ihm schöne Augen;
sagen Sie ihm alles mit den Augen:
– Ich würde Sie vom Fleck weg heiraten.
Oder: – Lassen Sie uns gemeinsam
Tee trinken.

Und Sie, Herr Fluss,
seien Sie nicht fahrlässig;
benehmen Sie sich wie ein Caballero
mit einem Mann, der träumt;
ein Mann, der träumt,
benötigt eine Wiege,
und sei sie aus Wasser.

Nie habe ich im
Río de la Plata
fliegende Fische gesehen.
Falls es einen gibt, der nicht fliegt:

no le gustan los peces,
y menos si tienen alas.

Mañana llegará a un puerto,
junto al muelle se parará el vapor:
¡Oh señor Buque, oh estuche
en que mi pequeño amor
hace de diamante:
no trepide mucho al atracar,
no dé brincos!

Él bajará la escalerilla
cantando un foxtrot.
Siempre canta un foxtrot.
Llevará un traje gris
y un sobretodo azul marino.
No se los manche, usted, por Dios,
señor Buque:
mi amor es pobre …

Er mag keine Fische,
erst recht nicht, wenn sie Flügel haben.

Morgen wird er an einen Hafen kommen,
nahe an der Kaimauer wird der Dampfer zum Stehen kommen.
Oh Herr Schiff, oh Schatulle,
in der meine kleine Liebe
der Diamant ist:
ruckeln Sie nicht so sehr beim Festmachen,
hopsen Sie nicht!

Er wird die Gangway heruntergehen
und einen Foxtrott singen.
Er singt immer einen Foxtrott.
Er wird einen grauen Anzug tragen
und einen marineblauen Mantel.
Besudeln Sie die Sachen nicht, um Gottes Willen,
Sie, Herr Schiff:
Meine Liebe ist arm ...

Y en el fondo del mar

En el fondo del mar
hay una casa
de cristal.

A una avenida
de madréporas
da.

Un gran pez de oro,
a las cinco,
me viene a saludar.

Me trae
un rojo ramo
de flores de coral.

Duermo en una cama
un poco más azul
que el mar.

Un pulpo
me hace guiños
a través del cristal.

En el bosque verde
que me circunda
– din don … din dan –
se balancean y cantan
las sirenas
de nácar verdemar.

Y sobre mi cabeza
arden, en el crepúsculo,
las erizadas puntas del mar.

Auf dem Meeresgrund – ich

Auf dem Grund des Meeres
gibt es ein Haus
aus Glas.

Es blickt auf
eine Allee
aus Sternkorallen.

Um fünf Uhr
kommt ein Fisch aus Gold herbei,
mich zu begrüßen.

Er bringt mir
einen Strauß roter
Korallenblumen.

Ich schlafe in einem Bett,
das nur etwas blauer ist
als das Meer.

Ein Krake
zwinkert mir zu
durch das Glas.

Im grünen Wald,
der mich umgibt,
– Ding-Dong … Ding-Dong –
schlingern und singen
Sirenen
aus Perlmutt, grün wie das Meer.

Und über meinem Kopf
lodern, in der Dämmerung,
dornige Meereskronen.

Danzón porteño

Una tarde, borracha de tus uvas
amarillas de muerte, Buenos Aires,
que alzas en sol de otoño en las laderas
enfriadas del oeste, en los tramontos,

vi plegarse tu negro Puente Alsina
como un gran bandoneón y a sus compases
danzar tu tango entre haraposas luces
a las barcazas rotas del Riachuelo:

Sus venenosas aguas, viboreando
hilos de sangre; y la hacinada cueva;
y los bloques de fábricas mohosas,

echando alientos, por las chimeneas,
de pechos devorados, machacaban
contorsionados su obsedido llanto.

Tanz aus Buenos Aires

Eines Abends, berauscht von deinen gelben
Todestrauben, Buenos Aires,
die du auf von Westen abgekühlten Hängen
in herbstliche Sonne hältst, sah ich in den *tramontos**,
  im Sonnenuntergang

deine schwarze Alsina-Brücke sich anschmiegen
wie ein großes Bandoneon und in seinem Takt
bei kargem Licht deinen Tango tanzen
auf die kaputten Barkassen des Riachuelo.

Seine verseuchten Gewässer, in denen Blutfäden
schlängelten, überbordende Höhlen,
Blöcke modriger Fabriken,

die durch Schlote Atem aus zerstörter Brust
ausstießen, wiederholten verzerrt
ständig ihr gequältes Weinen.

* it. Lehnwort in lyrischem Spanisch; Storni war gebürtige Tessinerin,
Italienisch ihre Muttersprache.

Jardín zoológico de nubes

Quiero cantar al que se mueve arriba:
salud, osito tierno, tu señora
se besa con el otro algodonado
y cuando el diente clavas, se deshace.

Y la serpiente que me persigue
en los sueños, está; y hay una garza
rosada que se viene desde el río
y la ballena destripada llora.

Y está el gato listado que una mano
mató porque era grande y poco pulcro
y en el tejado escándalos alzaba.

Y mi perro lanudo que se sienta
en las traseras patas y se expande
en un castillo que trastorna el viento.

Wolkenzoo

Dem, der sich droben regt, will ich verraten:
Zarter Bär, ich grüße dich – deine Frau küsst
ein anderes Wuscheltier;
schlag deine Zähne hinein und es löst sich auf.

Die Schlange, die mich im Traum
verfolgt, die gibt es wirklich; und es gibt einen
rosa Reiher, der vom Fluss her einfällt,
und den ausgeweideten Walfisch, der weint.

Und es gibt die getigerte Katze, die man tötete,
weil sie zu groß und nicht sauber war
und Lärm machte auf dem Dach.

Und meinen zottigen Hund, der sich
auf die Hinterpfoten setzt und sich streckt
in einer Burg, die der Wind umstürzt.

Río de la Plata en lluvia

Ya casi el cielo se apretaba, ciego,
y sumergida una ciudad tenías
en tu cuerpo de grises heliotropos
neblivelado en su copón de llanto.

Unas lejanas cúpulas tiznaba
tu gran naufragio sobre el horizonte,
que la muerta ciudad bajo las ondas
se alzaba a ver el desabrido cielo:

Caía a plomo una llovizna tierna
sobre las pardas cruces desafiantes
en el pluvioso mar desperfiladas.

Y las aves, los árboles, los hombres
dormir querían tu afelpado sueño
liláceo y triste de llanura fría.

Río de la Plata im Regen

Geblendet zog der Himmel sich fast schon zusammen,
eingetaucht hattest du eine Stadt
in deinen Körper aus grauen Heliotropen,
nebelverhangen in ihrem Klagen.

Ein paar ferne Kuppeln zeichnete
dein großer Schiffbruch gegen den Horizont;
die tote Stadt reckte sich unter den Wogen,
um den rauhen Himmel zu sehen:

Ein sanfter Nieselregen fiel senkrecht
auf die herausfordernden, graubraunen Kreuze,
verschwommen im regnerischen Meer.

Vögel, Bäume, Menschen
wollten deinen plüschigen, ins Lila gehenden,
traurigen Traum vom kalten Tiefland träumen.

Río de la Plata en negro y ocre

La niebla había comido su horizonte
Y sus altas columnas agrisadas
Se echaban hacia el mar y parapetos
Era sobre la atlántica marea.

Se estaba anclado allí, ferruginoso,
Viendo venir sus padres desde el norte:
Dos pumas verdes que por monte y piedra
Saltaban desde el trópico a roerlo:

Porque ni bien nacido ya moría
Y en su desdén apenas se rizaba
Señor de sí, los labios apretados.

Lavadas rosas le soltaba el cielo
Y de su seno erguía tallos de humo
Sobre quemados cabeceantes buques.

Río de la Plata, schwarz und ockerfarben

Der Nebel hatte seinen Horizont vertilgt
und seine lange, graue Kluft
warf sich dem Meer entgegen; Brüstung
war er gegen atlantische Gezeiten.

Dort war er verankert, eisenhaltig;
von Norden sah er seine Eltern kommen;
zwei grüne Pumas gingen aus den Tropen
über Stock und Stein auf ihn los und fraßen ihn.

Noch nicht richtig geboren, starb er.
Abschätzig zwar, sträubte er sich kaum;
Herr seiner selbst, mit zusammengepressten Lippen.

Saubere Rosen ließ der Himmel auf ihn fallen
und aus seinem Busen stiegen Rauchschwaden auf
über niedergebrannte, schaukelnde Schiffe.

Las euménidas bonaerenses

Con el viento que arrastra las basuras
van a dar al suburbio y se deslizan
amarillas por caños de desagüe
y se amontonan en las negras bocas.

Alzan señales en los paredones
y cuelgan, en las largas avenidas,
de los árboles bajos, como arañas,
y en el verdín del puente se esperezan.

¡Guarda! En baldíos, sobre pies pluviales
si los cruzas al alba te persiguen
y mueven el botón que se te cae.

¡No alces la chapa! Están agazapadas
con el rostro cruzado de ojos grises
y hay una una que se escurre por tu sexo.

Die Eumeniden von Buenos Aires

Mit dem Wind, der den Unrat mitnimmt
gelangen sie zum Stadtrand, gleiten
gelb durch Regenrinnen hinab
und horten sich in schwarzen Hauseingängen.

Sie hinterlassen Markierungen an den Mauern,
hängen auf den langen Avenidas
wie Spinnen von niedrigen Bäumen,
und lümmeln sich auf dem Grünspan der Brücken.

Vorsicht! Als Landstreicher verfolgen sie dich auf regennassen Füßen
wenn du im Morgengrauen an ihnen vorbeigehst
und schütteln die Knospen, die auf dich herunterfallen.

Erhebe keinen Schild, setz dich nicht zur Wehr! Sie ducken sich,
das Gesicht von grauen Augen durchbrochen;
und eine gibt es, die in deinem Körper ein ungezügeltes Leben führt.

Un tranvía

Sobre dos vías de luna
Se mueve
El feo animal
De hierro y madera.
Su cara cuadrada y hosca
Se agranda al acercarse.
Sus fríos ojos
De colores,
Y la cifra
De su frente
Nos recuerdan un barrio
Donde hemos vivido.
Monótona y antipática,
Su voz metálica
Nos invita a aceptar
El destino.

Eine Straßenbahn

Auf zwei Mondgleisen
bewegt sich
das hässliche Tier
aus Eisen und Holz.
Sein viereckiges und mürrisches Gesicht
wächst, wenn es näher kommt.
Seine kalten,
farbigen Augen
und die Zahl
auf seiner Stirn
erinnern uns an ein Stadtviertel,
wo wir einst wohnten.
Eintönig und unangenehm
fordert seine metallische Stimme uns auf,
das Schicksal hinzunehmen.

Los malos hombres

Amigas: defendedme,
me han hecho un grave daño,
en una mala noche
filtro malo me han dado …
Sabed, amigas rubias,
las de los dulces labios,
sabed, amigas rubias,
que por la vida andando
unos hombres – tres eran –
me salieron al paso.

Oh, amigas, defendedme,
que perezco de espanto …

Eran aquellos hombres
lúgubremente largos …
secos como esqueletos,
blancos como mis manos.
La nariz, de cortante,
pudiera dar un tajo.
Los ojos se escondían
felinos, bajo el párpado,
y eran finas, muy finas,
finísimas sus manos.

Oh, amigas, en silencio
aquéllas me apresaron:
seis tenazas heladas
me tendieron un lazo,
contuvieron mi llanto,
seis cadenas humanas
me domaron los brazos.

Üble Männer

Freundinnen, verteidigt mich,
mir wurde großer Schaden zugefügt,
in einer üblen Nacht
gab man mir einen üblen Liebestrunk ...
Ihr müsst wissen, hellhaarige Freundinnen
mit süßen Lippen,
Ihr müsst wissen, hellhaarige Freundinnen,
dass, als ich durch das Leben wandelte,
einige Männer – drei waren es –
mir entgegenkamen.

Oh, Freundinnen, verteidigt mich,
ich komme um vor Angst ...

Jene Männer waren
schauerlich groß ...
dürr wie Skelette,
blass wie meine Hände.
Die Nase so messerscharf,
dass man mit ihr schneiden konnte.
Die Augen verbargen sich
katzenartig hinter den Lidern,
und zierlich, sehr zierlich,
äußerst zierlich waren ihre Hände.

Oh, Freundinnen, schweigend
fingen diese Hände mich:
Sechs eiskalte Zangen
legten mir Schlingen um,
unterdrückten mein Klagen,
sechs menschliche Ketten
hielten meine Arme fest.

Amigas, esos hombres
los ojos me vendaron.

Las flores que llevaba
las tiraron al barro.

Un alfiler al rojo
pecho adentro me hincaron.

Ungiéronme los labios
con aceites amargos.

Con abrojos y zarzas
mis dedos maniataron.

Me dijeron que yo
soy un pobre guijarro.
Me dijeron que Dios
no es ni bueno ni malo,
pero que aquél no es nada
y yo, en cambio, soy algo.

Después … después … crueles
rieron de cansancio.
Después … después … crueles
riendo se alejaron.
Y yo quedé vencida
sobre el camino largo.

Amigas, desde entonces
tengo el cuerpo embrujado.
Amigas, desde entonces
resiste grave un daño.

Amigas, desde entonces
me persigue el espanto.

Freundinnen, diese Männer
verbanden mir die Augen.

Die Blumen, die ich bei mir trug,
warfen sie in den Matsch.

Eine Nadel, rotglühend,
trieben sie tief in meine Brust.

Sie rieben bitteres Öl
auf meine Lippen.

Mit Disteln und Dornen
umwanden sie meine Finger.

Sie sagten mir, dass ich
nur Kies bin …
Sie sagten mir, dass Gott
nicht gut und nicht schlecht ist,
aber dass jener nichts ist
und dass ich hingegen etwas bin.

Danach … danach … lachten sie
grausam bis zum Überdruss.
Danach … danach … lachten
sie grausam und gingen weg.
Und ich blieb besiegt zurück
auf dem langen Weg.

Freundinnen, seitdem
ist mein Körper verhext.
Freundinnen, seitdem
ist in mir ein großer Schaden.

Freundinnen, seitdem
verfolgt mich die Angst.

....

Nunca salgáis de noche,
las de los dulces labios.

Nunca salgáis de noche,
ni con cielo estrellado.

Los hombres andan sueltos,
como perros sin amo.

... Y eran tres hombres secos,
lúgubremente largos.

....

Geht niemals nachts ins Freie,
Ihr mit den süßen Lippen.

Geht niemals nachts ins Freie,
selbst bei sternklarem Himmel nicht.

Die Männer laufen frei herum,
wie Hunde ohne Herrn.

... Und es waren drei dürre Männer,
schauerlich groß.

Dios nuevo

Nuevo es el Dios que elevo sobre el ara.
Es joven, musculoso, sobre el cuello
pueden caerle besos míos. Lleva
guirnaldas rojas en las manos blancas.

Oh, como te odio, Dios de las mujeres
enjuto y magro, de sentencias frías,
de voz cascada, de inflexibles leyes.
Huyo de ti cantando mis canciones.

Huyo de ti y perdida entre las selvas
te sueño, oh Dios, oh Dios todo alegrías.
¡Oh, cómo tienes los cabellos blandos,
la boca bella, la sonrisa alada!

Cómo a tu voz de la montaña bajan
recios torrentes y la tierra ríe
bajo los nombres que, como las plantas,
se han vuelto puros y florir parecen.

Oh, mira ya cómo se ensancha el pecho
de los humanos y en las frentes torvas
ya fatigadas de sombríos mantos
el sol pagano nuevamente ríe.

Neuer Gott

Neu ist der Gott, den ich auf den Altar erhebe.
Er ist jung, muskulös, meine Küsse
können ihm auf den Hals fallen. Er trägt
Kettchenkränze aus rotem Amarant* in seinen weißen Händen.

Oh, wie ich dich hasse, schmächtiger und magerer
Gott der Frauen, für deine kühlen Behauptungen,
deine gebrochene Stimme, deine unbeweglichen Gesetze.
Ich fliehe vor dir und singe meine Lieder.

Ich fliehe vor dir, und verloren in den Wäldern
träume ich von dir, oh Gott, oh Gott ganz Freude.
Oh, wie glatt deine Haare sind,
wie schön dein Mund, wie beflügelt dein Lächeln!

Auf deine Stimme hin kommen reißende Sturzbäche
aus den Bergen herab und die Erde lacht
mit den Worten, die, wie die Pflanzen,
echt wurden und zu blühen scheinen.

Oh, sieh mal, wie sich die Brust der Menschen
weitet und in den finsteren Gesichtern,
die missmutige Vorwände satt waren,
wieder heidnische Sonne lacht.

* Pflanze aus Süd/Mittelamerika

Juventud

Alfonsina, recuerda:
los hombres te dijeron al oído
– Ya está muerta.

Pero esa noche
la carne de tu corazón en fiesta
se te partía en ramas y florecía
como los durazneros en primavera.

Y tu sangre,
tu noble sangre atea
de tiradores al blanco
y bebedores de cerveza,
ardida por las siestas
de San Juan, el arrope,
el Zonda y el licor
espeso y ocre de las abejas;

tu sangre
se atropellaba
en el laberinto de tus arterias
y te henchía el cuello voluptuoso
y te ponía veloces las piernas.

¿Te acuerdas
que caminabas por las calles,
y sólo oías, detrás de las paredes
y las puertas
de los grises nichos de los humanos,
el beso de las bocas sedientes?

¿Te acuerdas
que al poste levantado en las esquinas

Jugend

Alfonsina, erinnere dich:
Die Männer flüsterten dir zu
– Sie sind doch schon tot.

In jener Nacht aber
brach dein feierndes Herz
in Zweige auf und erblühte
wie ein Pfirsichbaum im Frühling.

Und dein Blut,
dein edles, gottloses Blut
von denen, die ins Schwarze trafen
und von Biertrinkern,
das entbrannte auf den Siestas
de San Juan, durch den Mostsirup,
den Föhnwind und den dicken, ockerfarbenen
Likör der Bienen;

dein Blut
überschlug sich
im Labyrinth deiner Adern,
ließ deinen Hals wollüstig anschwellen
und deine Beine geschwind werden.

Weißt du noch,
wie du durch die Straßen gingst,
und ihn nur hörtest hinter den Wänden
und Türen
der grauen Nischen der Menschen,
den Kuss aus begierigen Mündern?

Weißt du noch,
dass du feierliche Verbeugungen machtest

le hacías solemnes reverencias,
y a las chimeneas olímpicas
sobre las azoteas?

¿Te acuerdas que la luna estaba desteñida
y bobalicona sobre la tierra,
y hubieras dado un salto por hundirle
un alfanje en su pulpa fofa y desierta?

vor den Masten, die an den Straßenecken standen,
und vor den olympischen Feuerstellen
auf den Balkonen?

Weißt du noch, wie der Mond bleich
und einfältig auf der Erde lag,
und du einen Sprung getan hättest, um ihm
eine Machete in sein weiches, leeres Mark zu rammen?

Soledad

Señora soledad, que tu esqueleto
creí de grises vértebras un día,
aníllame con fuerza entre tus arcos,
que no quiero de ti partirme ahora.

Que al acercarme vi que en flor abría
tu aparente esquelete calcinado,
y en tus vértebras limos creadores;
y eran tus cuencas de un azul de llama.

Holgada estoy: tu cielo no me nieva;
deja caer en claros remolinos
unos trenzados de cristales rosas.

Y nuevamente con sus voces altas,
entre tus finas nieblas escondidos,
oiga cantar mis pájaros de fuego.

Einsamkeit

Dame Einsamkeit, dein Knochengerüst
erschien mir einmal wie aus grauen Wirbeln,
umringe mich mit aller Kraft in deinen Bögen,
ich will mich noch nicht von dir trennen.

Als ich näherkam, sah ich dein vermeintlich
verbranntes Skelett erblühend;
in deinen Wirbeln war Urschlamm;
deine Augenhöhlen waren flammendblau.

Lauschig ist mir: Kein Schnee fällt auf mich aus deinem Himmel;
er lässt in hellen Wirbeln
Geflechte aus rosa Kristall fallen.

Erneut höre ich,
wie, versteckt in deinem feinen Nebel,
meine Feuervögel mit hohen Stimmen singen.

Tren

Marcha el tren: apoyada
En una ventanilla,
                    Sueño.

Nada:
Rieles, plantas, gramilla,
El paisaje risueño,
No mueven mi mirada.

Traza el tren una curva
Y asomo la cabeza:
Allá lejos me turba,
Tiznando mi tristeza,
La visión esfumada
De la ciudad dejada.

Dejo mi amor ... El tren
Se mueve lentamente.
Gritan mi nombre. ¿Quién?
Abandono la frente
Sobre mi brazo y digo:
– ¡Avanza ferozmente,
Tren, y acaba conmigo!

Zug

Der Zug fährt vor sich hin; aufgestützt
an einem Zugfenster
                    träume ich.

Nichts.
Schienen, Sträucher, Gräser,
die freundliche Landschaft –
nichts bewegt meinen Blick.

Der Zug zieht eine Kurve
und ich strecke den Kopf hinaus:
Dort, in der Ferne, verwirrt mich
das unscharfe Bild
der zurückgelassenen Stadt
und verdüstert meine Traurigkeit.

Ich verlasse meine Liebe … Der Zug
bewegt sich langsam.
Jemand ruft meinen Namen. Wer?
Ich lasse die Stirn
liegen auf dem Arm und sage:
– Presche wild voran,
Zug, und mach ein Ende mit mir!

Perro y mar

Estaba solo el mar
Y solo el cielo
Y era todo un espacio
Gris y frío
Y yo no oía nada
Ni veía
Más que ese gris
Monótono y sin vida.

Y a mi costado
El perro contra el viento
Aullaba; y sus labridos
Sacudían las olas muertas;
Y en el aire de plomo
Su quejido
Abría rumbo;
Y las orejas tensas
Parecían alzarse como antenas
Hacia desmanteladas
Gargantas.

¿Había nidos
De ratones vivos
Donde mis ojos
Secos
No veían?

¿Fantasmas acunábanse
En los picos
Lejanos
En las aguas?

¿Y caras
Subterráneas
En la pared
Del viento aparecían?

Hund und Meer

Einsam war das Meer,
einsam auch der Himmel,
und alles war ein grauer und kalter
Raum
und ich hörte und ich sah
nichts mehr
als jenes eintönige,
leblose Grau.

An meiner Seite
heulte der Hund
den Wind an, sein Gebell
rüttelte die toten Wellen wach;
und in der bleiernen Luft
öffnete sein Jammern
einen Weg.
Die aufgerichteten Ohren
streckten sich wie Antennen
zur bloßen
Kehle.

Ob es
Mäusenester gab dort,
wo meine verblühten
Augen
nicht mehr sahen?

Gespenster, die einander
auf fernen
Wellenkronen
in den Schlaf wiegten?

Und erschienen
unterirdische Gesichter
an der Mauer
des Windes?

Partida

Un camino
hasta el confín:
altas puertas de oro
lo cierran;
galerías profundas;
arcadas …

El aire no tiene peso;
Las puertas se balancean
en el vacío;
se deshacen en polvo de oro;
se juntan, se separan;
bajan a las tumbas
de algas;
suben cargadas de corales.

Rondas,
hay rondas de columnas;
las puertas se esconden
detrás de los parapetos azules;
el agua brota en campos de nomeolvides;
echa desiertos de cristales morados;
incuba grandes gusanos esmeralda;
se trenza los brazos innumerables.

Lluvia de alas,
ahora;
ángeles rosados
se clavan como flechas
en el mar.
Podría caminar sobre ellos
sin hundirme.

Fortgegangen

Ein Weg
bis zu den Grenzen,
hohe Türen aus Gold
versperren ihn,
lange Säulengänge,
Kolonnaden ...

Die Luft hat kein Gewicht;
die Tore schwanken
im Vakuum,
zerrinnen in Goldstaub;
sie verbinden sich, sie trennen sich;
ziehen hinunter zu den
Algengräbern
und steigen auf beladen mit Korallen.

Felder,
es gibt Säulenfelder;
die Tore verstecken sich
hinter blauen Brüstungen;
Wasser sprießt auf Flure von Vergissmeinnicht,
begießt Wüsten purpurroter Kristalle,
brütet große smaragdgrüne Würmer aus;
flicht sich die unzähligen Arme.

Unmengen von Flügeln,
jetzt;
rötliche Engel
dringen wie Pfeile
ein ins Meer.
Ich könnte auf ihnen gehen,
ohne zu versinken.

Una senda de cifras
para mis pies:
Columnas de números
para cada paso,
submarinas

Me llevan:
enredaderas invisibles
alargan sus garfios
desde el horizonte:
Mi cuello cruje.
Ya camino.
El agua no cede.
Mis hombros se abren en alas.
Toco con sus extremos
los extremos del cielo
Lo hiero:
La sangre del cielo
bañando el mar …
Amapolas, amapolas,
no hay más que amapolas …

Me aligero:
la carne cae de mis huesos.
Ahora.
El mar sube por el canal
de mis vértebras.
Ahora.

El cielo rueda por el lecho
de mis venas.
Ahora.
¡El sol! ¡El sol!
Sus últimos hilos
me envuelven,
me impulsan:
Soy un huso:
¡Giro, giro, giro, giro! …

Ein Pfad aus Ziffern
für meine Füße:
Unterseeische
Zahlenreihen
für jeden Schritt.

Sie tragen mich:
Unsichtbare Schlingpflanzen
reichen vom Horizont an
ihre Steigeisen.
Mein Hals knirscht.
Ich gehe schon.
Das Wasser weicht nicht aus.
Meine Schultern öffnen sich zu Flügeln.
Mit ihren Spitzen berühre ich
die Spitzen des Himmels.
Ich verwunde ihn:
Blut des Himmels
tränkt das Meer ...
Mohn, Mohn,
nichts als Mohn ...

Ich mache mich frei:
Das Fleisch fällt mir von den Knochen.
Jetzt.
Das Meer steigt durch den Kanal
meiner Wirbel.
Jetzt.

Der Himmel taumelt im Bett
meiner Adern.
Jetzt.
Die Sonne! Die Sonne!
Ihre letzten Strahlen
umfassen mich,
treiben mich an:
Ich bin eine Spindel,
ich kreise, ich kreise, ich kreise! ...

Voy a dormir

Dientes de flores, cofia de rocío,
manos de hierbas, tú, nodriza fina,
tenme prestas las sábanas terrosas
y el edredón de musgos encardados.

Voy a dormir, nodriza mía, acuéstame.
Ponme una lámpara a la cabecera;
una constelación; la que te guste;
todas son buenas; bájala un poquito.

Déjame sola: oyes romper los brotes ...
te acuna un pie celeste
desde arriba
y un pájaro te traza unos compases

para que olvides ... Gracias. Ah, un encargo:
si él llama nuevamente por teléfono
le dices que no insista, que he salido ...

Schlafen werde ich*

Blütenzähne, Haarnetz aus Tau,
Kräuterhände, du, gütige Amme,
richte mir das erdige Linnen
und die Daunendecke aus zerpflücktem Moos.

Ich gehe schlafen, meine Amme, bringe mich zu Bett.
Stelle mir eine Leuchte ans Kopfende,
ein Sternbild, ganz gleich welches du magst:
sie strahlen doch alle. Stelle das Licht etwas schwächer.

Lass mich allein; du hörst ja die Knospen aufbrechen ...
himmlischer Fuß wiegt dich von oben her in den Schlaf
und ein Vogel gibt ein paar Takte vor,

dass du vergessen kannst ... Danke. Ach, eine Bitte noch:
Falls er wieder anruft,
sage ihm, sein Beharren sei vergebens, ich sei gegangen ...

*Zu Lebzeiten unveröffentlichtes, letztes Gedicht Stornis vor ihrer Selbsttötung im Atlantik.

ALFONSINA STORNI:
ARGENTINIENS BERÜHMTE DICHTERIN. (1892-1938)

Die gebürtige Schweizerin erblickt am 29. Mai 1892 im Kanton Tessin das
Licht der Welt.

Einige Jahre zuvor kehren ihre Eltern dem damaligen Armenhaus der
Schweiz erstmals den Rücken und versuchen, sich am Fuße der argentini-
schen Anden eine neue Existenz aufzubauen. Zusammen mit seinen auch
dorthin emigrierten älteren Brüdern leitet Alfonsinas Vater Alfonso Storni
die erste Eis- und Sodafabrik der Provinz. Zwar wird die Produktion der
Fabrik bald schon auf Bier umgestellt, dennoch trägt sich das Unterneh-
men 'Cerveza Los Alpes, de Storni y Cìa.' nur vier Jahre lang. Alfonso Stor-
ni zieht mit Frau Paulina und beiden älteren Kindern in die Kleinstadt
Rosario, wo die Eheleute das ›Cafe suizo‹ eröffnen, dessen rascher Ruin
das Verarmen der Familie besiegelt. Als Folge des wirtschaftlichen Schiff-
bruchs gehen sie 1892 mitsamt den Kindern zurück ins Tessin (Paulina
Storni ist zu jener Zeit mit Alfonsina schwanger). Vier Jahre später unter-
nehmen sie mit ihren nunmehr drei Sprösslingen erneut das Wagnis einer
Emigration nach Argentinien. Wagnis umso mehr, weil das wiederholte
Scheitern Alfonso Storni depressiv, alkoholabhängig und gewalttätig hat
werden lassen. Ohne noch auf ihn zählen zu können, bestreitet Paulina
den Lebensunterhalt der Familie durch private Unterrichtsstunden und
durch Näharbeiten; Tochter Alfonsina arbeitet schon als Heranwachsende
in einer Fabrik. Alfonso Storni stirbt 1906, wonach sich Alfonsina Storni,
14-jährig, für drei Jahre einer fahrenden Theatergruppe anschließt. Nach
dieser Zeit beginnt sie eine Ausbildung zur Lehrerin. Das hierfür nötige
Geld verdient sie sich als Sängerin und Revuetänzerin in zwielichtigen
Theatern der Provinz – was bekannt wird und einen Skandal heraufbe-
schwört, der die Jugendliche in einen ersten Suizidversuch treibt. Sie kann
ihre Ausbildung aber 1911 beenden und tritt eine Stelle als Volksschulleh-
rerin an.

Noch im gleichen Jahr beginnt die junge Frau ein Liebesverhältnis
mit einem verheirateten, deutlich älteren, streng katholischen Familienva-
ter, einem konservativen Politiker. Sie wird schwanger, wodurch, einmal
ruchbar geworden, die Beziehung umgehend zerbricht. Storni versucht dem
gesellschaftlichen Druck und der sozialen Enge der Kleinstadt zu entflie-
hen, indem sie in die Metropole Buenos Aires geht, um ihr einziges Kind,

den Sohn Alejandro, 1912 in der Anonymität einer Großstadt zur Welt zu bringen und großzuziehen, allein erziehende Mutter eines unehelichen Kindes in einer katholischen Gesellschaft zu Anfang des 20. Jahrhunderts. Um das Kind und sich selbst versorgen zu können, arbeitet sie als Verkäuferin und als Kassiererin, als Betreuerin behinderter Kinder in einem Kinderheim, als Schreibkraft und in der Erwachsenenbildung.

Frau ist sie und trotzdem Schriftstellerin, Pionierin des literarischen Schreibens lateinamerikanischer Frauen. Autorin zudem von journalistischen Texten, von vier Theaterstücken für Erwachsene und sechs für Kinder. Vor allem aber sind es die acht Bände mit teils erotischer Liebeslyrik, für die sie in Lateinamerika noch heute berühmt ist.

Stornis Thema ist das Kämpfen um Liebe.

Frühe Gedichte erscheinen ab 1911 in Zeitschriften und Zeitungen. Motive schon dieser ersten Gedichte sind Stornis Traum von Liebe und Sinnlichkeit, ihre Sehnsüchte und Verlustängste. Anfänglich ist – trotz oder gerade wegen der Erfahrungen mit jener wenige Jahre zurückliegenden Liebesbeziehung – der nahezu ungetrübt idealistische Wunsch nach Liebe Stornis vorrangiges Thema. Alfonsina Stornis lyrische Sprache ist einfach und klar – und es ist ihre, Alfonsinas, Sprache. Ihre Metaphern lehnen sich nur im Erstling noch vereinzelt an den Hispanoamerikanischen Modernismus eines Rubén Darío an, der um die Jahrhundertwende und bis in die Zwanziger Jahre des 20. Jh. im literarischen Lateinamerika vorherrschte. Genauso versagt sie es sich, die außergewöhnlich lebhafte, mit sexuellen Konnotationen behaftete Bildsprache ihrer uruguayischen Zeitgenossin Delmira Agustini zu übernehmen.

Stornis Thema ist der Konflikt zwischen den Geschlechtern.

Ohne erklärte Anhängerin der Suffragetten und ihrer Forderungen (v.a. Gewährung des Frauen-Wahlrechtes) zu sein, verficht sie doch den gleichen feministischen Gedanken, soziale und rechtliche Probleme des weiblichen Geschlechts gesamtgesellschaftlich anzugehen. Diese Auseinandersetzung mit der bestehenden Rollenverteilung von Mann und Frau führt die Dichterin und die Journalistin Storni dazu, gegen die von der Gesellschaft als selbstverständlich hingenommene Dominanz der Männer und die Ungleichbehandlung der Frauen zu rebellieren. Hierin gilt

Alfonsina Storni als Nachfolgerin der Sor Juana Inés de la Cruz. Provokant schreibt sie gegen das tradierte, stereotype Rollenverhalten an. Sie verspottet arrivierte Macho-Allüren von Männern und moniert, nicht minder sarkastisch, sanktionierte Unterwürfigkeit von Frauen.

Stornis Komödie *El amo del mundo* (›Der Herr der Welt‹), das einzige zu ihren Lebzeiten inszenierte Stück, wird 1927 in Anwesenheit des argentinischen Staatspräsidenten uraufgeführt, aber von Kritik und Publikum wegen der nachdrücklichen frauenrechtlichen Parteinahme heftig angegriffen und wegen geringer Zuschauerzahlen und scheinbar mangelnder moralischer Qualitäten nach drei Tagen aus dem Programm genommen.

In diesem Zusammenhang gerät auch das vermeintlich wenig vorbildhafte Privatleben der alleinerziehenden Mutter ins Visier ihrer Kritiker.

Stornis Thema ist die Eintönigkeit und Kälte des Lebens in der Großstadt.

Die Gedichte der Argentinierin zeigen Menschen, die hinter und zwischen Häuserwänden eingesperrt sind und deren Seelen von Mauern erdrückt werden. Menschliche Gefühle geraten Storni in den uniformen Straßenzügen der Stadt zu geometrischen Formen, ihre Tränen sind viereckig.

Die Veröffentlichung ihres ersten Gedichtbandes *La inquietud del rosal* (›Unruhe im Rosenbusch‹) 1916 ermöglicht ihr den Zugang zu Journalisten- und Intellektuellenkreisen – allerdings verliert sie wegen der vermeintlich unziemlichen Tätigkeit ihren Arbeitsplatz. In *El dulce daño* (›Süsse Verletzung‹) übt sie 1918 unverhohlen Sozialkritik. Sie stellt sich gegen männliche Doppelmoral und die gesellschaftlich akzeptierte Regel, gleiches Verhalten von Männern und Frauen mit zweierlei Maß zu beurteilen.

Der Lyrikband *Irremediablemente* (›Unabwendbar‹), den ein unverkennbar desillusionierter Ton bestimmt, erscheint im Jahr 1919. Gleich zwei Literaturpreise erlangt 1920 Stornis viertes Werk *Languidez* (›Ermattung‹). 1922 wird ihr der argentinische Staatspreis für Poesie verliehen.

Mit *Ocre* (›Ocker‹) folgt 1925 das Buch, das vielfach als Zenit Storni'scher Lyrik angesehen wird.

Ein Jahr später veröffentlicht sie ihre lange zuvor verfassten *Poemas de amor* (›Liebesgedichte‹), die ihr einziges Prosawerk bleiben. Die autobiografisch gefärbten, erstaunlich *heutigen* Prosagedichte des Bandes sind vermutlich die poetische Verarbeitung jener frühen Liebesbeziehung, die

Stornis Leben so arg prägte. Die Dichterin wertet den Band im Prolog ausdrücklich ab; nicht einmal in den von ihr selbst zusammengestellten Gesammelten Werken ist er vertreten. Trotzdem erfährt er drei Auflagen und eine Übersetzung ins Französische.

Erst 1934 wendet sie sich mit *Mundo de siete pozos* (›Welt aus sieben Brunnen‹) wieder der Lyrik zu. Ihr letztes Buch sollte *Mascarilla y trébol* (›Maske und Kleeblatt‹) sein; sie veröffentlicht es in ihrem Todesjahr 1938.

1935 erkrankt sie an Brustkrebs. Sie unterzieht sich einer Operation, bricht die daran anschließende Chemotherapie jedoch ab. Die Krankheit ist irreversibel fortgeschritten, Stornis Lyrik nun immer mehr von Bildern des Sterbens gezeichnet, so das Gedicht *Partida* (›Fortgegangen‹), das den Tod einer Frau beschreibt, die sich ertränkt.

Alfonsina Storni ist sterbenskrank und allein, als sie am 25. Oktober 1938 bei Mar del Plata in den Atlantik hinausschwimmt und ihrem Leben ein Ende setzt.

Ihr letztes Gedicht *Voy a dormir* (›Ich werde schlafen‹) noch schickt sie an die Zeitung La Nación, die es am Tage der Beerdigung der Alfonsina Storni publiziert.

Reinhard Streit

BIOBIBLIOGRAFIE REINHARD STREIT

* 1967 in Köln.
Studierte Romanistik (Französisch und Spanisch), Slawistik sowie Iberische und Lateinamerikanischen Geschichte in Köln. Magisterexamen 1998. 1998 Hospitierte im Iberolateinamerikanischen Programm (ILAP) der Deutschen Welle.

Übersetzt seither literarische Texte (Lyrik, Prosa, Theater) süd- und mittelamerikanischer Dichterinnen und Dichter sowie Reiseliteratur aus dem Spanischen. Ferner übersetzt er Ausstellungskataloge sowie touristische Texte aus dem Niederländischen.
Seit 2002/3 arbeitet er an Theaterinszenierungen an nicht professionellen Bühnen.

Übersetzer von u.a.:
Alfonsina Storni: *Poemas de amor / Liebesgedichte*. Limmat Verlag, Zürich
    2003.
    El amo del mundo / der Herr der Welt. Komödie. Deutsche
    Erstaufführung in freier Inszenierung, Köln 2006.
    *El murciélago azul de la tristeza / Blaue Fledermaus der
    Trauer*. teamart Verlag, Zürich 2009.
Daniel Jelin: *La ciudad de los molinos / Die Stadt der Mühlen*. Edition Roter Mond, Norden 2003.
ARTE-Dokumentation *Memoria de España / Spaniens Erbe*: *Karl V. – ein Monarch, ein Reich, ein Schwert*, 2006.

Mit-Übersetzer von u.a.:
Daniel Jelin: *Noche de tango / Tangonacht*. Edition Roter Mond, Norden 2002.
Ausstellungstexte *"Ten Duinen 1138"* (Dauerausstellung Abtei-Museum Ten Duinen in Koksijde/Coxyde, Belgien; eröffnet Juni 2003).
Raymond Cuijpers: *Kunstenaar op Kaalheide / Künstler auf Kaalheide*. Verlag für moderne Kunst Nürnberg, Nürnberg 2006.

© 2009 by teamart Verlag, Zürich
Nordstrasse 131, CH-8037 Zürich
Tel.: +41-(0)44-350 04 63, Fax: +41-(0)44-350 04 64
E-mail: dfbteamart@compuserve.com *oder* dfbteamart@bluewin.ch
Homepage: www.teamart.ch
Alle deutschsprachigen Rechte vorbehalten
© der Übersetzung und des Nachworts Reinhard Streit
Druck: Druckerei Mokler e.K., Theodor-Heuss-Straße 13
D-74081 Heilbronn-Klingenberg
ISBN: 978-3-908126-34-8